국어선생님도 궁금한
101가지 초등 국어 질문사전

1판 1쇄 발행일 2014년 4월 30일 • **1판 5쇄 발행일** 2021년 1월 14일
글 박현숙 조상숙 한대규 황미라 • **그림** 한은옥 • **펴낸이** 김태완 • **펴낸곳** (주)도서출판 북멘토
편집주간 이은아 • **책임편집** 진원지 • **편집** 김정숙, 조정우 • **디자인** 구화정 page9, 안상준
마케팅 최창호, 민지원
출판등록 제6-800호(2006. 6. 13.) • **전화** 02-332-4885 • **팩스** 02-6021-4885
주소 03990 서울시 마포구 월드컵북로6길 69(연남동 567-11), IK빌딩 3층
인스타그램 https://www.instagram.com/bookmentorbooks_ _
페이스북 https://facebook.com/bookmentorbooks

ⓒ 박현숙 조상숙 한대규 황미라 · 한은옥, 2014

※ 잘못된 책은 바꾸어 드립니다.
※ 이 책은 저작권법에 따라 보호를 받는 저작물이므로 무단전재와 무단복제를 금합니다.
   이 책의 전부 또는 일부를 쓰려면 반드시 저작권자와 출판사의 허락을 받아야 합니다.
※ 책값은 뒤표지에 있습니다.

ISBN 978-89-6319-077-8 73030
     978-89-6319-075-4 14000 세트

이 도서의 국립중앙도서관 출판예정도서목록(CIP)은 서지정보유통지원시스템 홈페이지(http://seoji.nl.go.kr)와
국가자료공동목록시스템(http://www.nl.go.kr/kolisnet)에서 이용하실 수 있습니다.(CIP제어번호: CIP2014013046)

국어선생님도 궁금한

101가지 초등국어 질문사전

글 박현숙 조상숙 한대규 황미라 | 그림 한은옥

북멘토

머리말

말과 글의 호기심 천국에 어서 오세요!

국어는 사고력과 호기심이 가장 중요한 과목이에요. 하지만 보통은 이해 못할 지식을 꾹꾹 눌러 담는 암기 시간이나 피할 수 없으니 즐겨야 하는 우울한 글짓기 시간으로 받아들이는 것 같아요.

왜 이렇게 돼 버린 걸까요? 수많은 책과 인터넷상의 개념 설명은 간단해서 보기는 좋지만 공감하고 이해하기는 참 어려워요. 이런 이유로 차라리 외우고 베끼는 편이 편하게 느껴지는 것이지요. 주제를 외우고, 특징을 외우고, 심지어 글쓰기 방법까지 외우면서, 암기 또 암기! 자연스럽게 우리는 곱씹고 생각하기보다는 좋은 암기 도구를 개발하기 위해 더 많이 애쓰는 사람이 돼 가고 있어요.

어느 날 현직 초등학교 선생님 네 사람이 모여 함께 수다를 떨게 됐어요. 그러다 문득, 선생님으로 살며 언제 가장 즐겁고 행복한지 이야기하게 됐고 서로 비슷한 생각을 하고 있다는 점에 깜짝 놀랐어요.

"선생님, 질문 있어요."

바로 그거예요. 질문을 받을 때!

그 어떤 엉뚱하고 짓궂은 질문도 좋아요. 그 말은 수업 시간에 귀 기울이고 있다는 결정적인 증거니까요. 우리는 서로의 말에 관심을 기울일 때, 세상을 사랑할 때 질문을 던지지요. 누군들 그렇지 않겠어요.

우리 선생님들은 학생들의 질문을 하나둘 모으면서 외우고 베끼는 국어 공부에서 탈출하는 가장 쉽고 빠른 길을 찾았어요. 말과 글로 이뤄진 일상에서 시작된 무수한 고민이 소중하게 다가왔어요. 그런 것이야말로 생생한 말공부 글공부니까요. 교과서를 펼쳐 학생들과 머리를 맞대고 어떤 게 가장 어려웠는지, 궁금했는지 돌아보기도 했어요. 그렇게 질문을 모으고 골라 보니 어느새 101가지 질문이 됐어요. 각 질문에는 선생님들의 오랜 노하우가 실린 쉽고 재미있는 설명을 곁들였어요. 그렇게 해서 나온 책이 바로 지금 여러분 손안에 들려 있답니다.

이 책을 잘 활용하려면 우선 차례를 잘 살펴보세요. 차례에서 여러분이 평상시 궁금해 했던 질문이 보인다면 바로 그 질문부터 펼쳐 해결해 보세요. 꼭 앞에서 뒤로 차례대로 읽지 않아도 된답니다.

책 뒤쪽에는 각 질문과 관계 깊은 학년·학기·단원이 안내돼 있어요. '교과 연계표'를 참고하면 이 책을 교과서와 함께 읽는 쉽고 친근한 참고서로 활용할 수 있을 거예요.

마지막으로 '찾아보기'를 꼭 사용해 보세요. 찾아보기엔 초등 국어 과목에서 자주 쓰는 책 속 어휘가 정리돼 있어요. 여기 적혀 있는 숫자를 따라 해당 쪽을 펼쳐 보세요. 그리고 숨은 글자 찾듯 글을 읽어 보세요. 초등 국어 어휘 사전처럼 활용할 수 있을 거예요.

이 책과 함께 때론 지루했던 그동안의 국어 공부 방법을 새롭게 바꿔 보세요. 이제는 말과 글의 호기심 천국에서 한층 유쾌하고 자신 있어진 나를 발견하게 될 거예요.

2014년 4월

박현숙, 조상숙, 한대규, 황미라

차례

듣기·말하기

- **001** 발표의 달인이 되려면? ······ 14
- **002** 토론은 말싸움이 아닌가요? ······ 17
- **003** 모둠 활동, 의견이 제각각이라 힘들어요 ······ 21
- **004** 토론과 토의는 어떻게 다른가요? ······ 24
- **005** 또래끼리도 존댓말을 쓰나요? ······ 27
- **006** 친구를 소개하는 데도 방법이 있다고요? ······ 31
- **007** 칭찬에는 무슨 힘이 있어 기분을 좋게 하나요? ······ 33
- **008** 어떻게 사과해야 할까요? ······ 36
- **009** 반장선거, 누구에게 투표해야 할까요? ······ 38
- **010** 마음 상하지 않게 충고하는 방법은? ······ 40
- **011** 동생이 제 설명을 못 알아들어요 ······ 43
- **012** 안내하는 말을 들을 때 주의할 점이 있나요? ······ 45
- **013** 전화 받는 데도 지켜야 할 예절이 있다고요? ······ 48
- **014** 새 친구와 즐거운 대화를 나누기 위해 필요한 것은? ······ 51
- **015** 면담하러 갈 때 준비할 것은? ······ 53
- **016** 기분 좋은 대화를 위해 필요한 것은? ······ 56
- **017** 소통이 꼭 필요한가요? ······ 58
- **018** 엄마는 아기의 마음을 어떻게 알까요? ······ 61
- **019** 수업 시간에 집중하기가 너무 어려워요 ······ 63
- **020** 왜 어른들은 속담이나 격언을 많이 사용하나요? ······ 65
- **021** 놀면서 공부할 수는 없나요? ······ 68

읽기

- 022 책을 실감나게 읽고 싶어요 ······ 72
- 023 왜 주제를 찾아야 하지요? ······ 75
- 024 글에서 중심 문장은 어떻게 찾나요? ······ 77
- 025 이야기 속에는 꼭 한 가지 주제만 있나요? ······ 80
- 026 어떻게 하면 책 읽기가 좋아질까요? ······ 82
- 027 똑같은 책을 읽었는데, 친구가 아는 내용을 나는 왜 모를까요? ······ 86
- 028 안중근 의사는 병을 고치는 의사가 아니라고요? ······ 90
- 029 어휘력도 노력하면 늘릴 수 있을까요? ······ 93
- 030 국어사전에도 없는 정보는 어딨을까요? ······ 96
- 031 원하는 책을 도서관에서 직접 찾고 싶어요 ······ 99
- 032 왜 다른 사람이 쓴 독서 감상문까지 읽을까요? ······ 103
- 033 독서 감상문과 서평은 다른가요? ······ 105
- 034 설명문, 꼭 읽어야 할까요? ······ 107
- 035 우리 동네 이야기는 왜 텔레비전에 나오지 않는 걸까요? ······ 109
- 036 왜 뉴스마다 하는 말이 다른가요? ······ 113
- 037 광고가 마음을 움직인다고요? ······ 117
- 038 광고 속 물건은 왜 실제와 다른가요? ······ 120
- 039 여행 계획을 멋지게 짜고 싶어요 ······ 123
- 040 조선 시대에 왕이 볼 수 없는 책이 있었다고요? ······ 126
- 041 옛날 국어 교과서는 어떻게 생겼나요? ······ 129

042 갖고 싶은 물건이 둘일 때 잘 선택하는 방법은? ⋯⋯ 134
043 부탁을 잘하는 비법이 있다고요? ⋯⋯ 137
044 평생 기억에 남을 생일카드를 쓸 수 있을까요? ⋯⋯ 139
045 일기와 생활문, 무엇이 다른가요? ⋯⋯ 141
046 생활문의 첫 문장을 쓰기가 너무 어려워요 ⋯⋯ 145
047 초대글은 어떻게 쓸까요? ⋯⋯ 149
048 인터넷에 어떤 글을 올릴까요? ⋯⋯ 152
049 책 내용을 왜 요약할까요? ⋯⋯ 155
050 온라인 대화에서 주의할 점은? ⋯⋯ 157
051 기사글, 어떻게 쓰면 될까요? ⋯⋯ 160
052 기행문은 상상해서 쓸 수 없나요? ⋯⋯ 164
053 전화와 메일이 있는데 왜 편지를 쓸까요? ⋯⋯ 167
054 매일 새로운 내용으로 일기를 쓸 수 있을까요? ⋯⋯ 170
055 내 논설문으로 친구들을 설득할 수 있을까요? ⋯⋯ 173
056 독서 감상문, 꼭 틀에 맞춰 써야 하나요? ⋯⋯ 176
057 제안하는 글은 언제 필요한가요? ⋯⋯ 178
058 나라마다 글씨 쓰는 방향이 다르다면서요? ⋯⋯ 181
059 글씨를 잘 쓰려면 어떤 연습을 해야 하나요? ⋯⋯ 184
060 왜 동요 가사에는 소리나 동작을 흉내 내는 말이 많죠? ⋯⋯ 188
061 글을 쓴 후 꼭 다시 읽어 봐야 하는 이유는? ⋯⋯ 191
062 원고지는 어떻게 쓰는 건가요? ⋯⋯ 195
063 틀린 글자, 지우지 않고 고치는 방법이 있나요? ⋯⋯ 199

064 언어란 무엇인가요? ····· 204
065 사과를 방귀라고 부르면 안 될까요? ····· 207
066 세종은 왜 한글을 만들었나요? ····· 211
067 한 나라에서 왜 각기 다른 말을 쓸까요? ····· 215
068 고유어, 한자어, 외래어는 어떻게 생겨났나요? ····· 218
069 '부랴부랴'는 왜 '부랴부랴'인가요? ····· 221
070 글의 최소 단위는 뭘까요? ····· 224
071 시키는 말을 들으면 왜 이렇게 하기 싫을까요? ····· 228
072 과거, 현재, 미래를 다 똑같은 말로 표현하면 안 되나요? ····· 231
073 높임말을 아무 데나 쓸 수 없다고요? ····· 234
074 깍두기가 '결코' 초콜릿처럼 달다면 얼마나 좋을까? ····· 237
075 띄어쓰기를 꼭 해야 하나요? ····· 242
076 맞춤법, 왜 지켜야 하나요? ····· 247
077 우리 할머니는 옷으로 술을 만들어요 ····· 250
078 같은 '손(手)'이라도 쓰임이 다르다고요? ····· 252
079 헷갈리는 우리말에는 어떤 것이 있나요? ····· 255
080 잘못 쓰는 우리말에는 어떤 것이 있나요? ····· 260
081 똑같은 글자도 길이에 따라 뜻이 달라지나요? ····· 263
082 풀장이 왜 '수영장장'인가요? ····· 266
083 우리말을 알파벳으로 어떻게 바꿀까요? ····· 270

084 엄마는 어떻게 드라마 뒷이야기를 다 알고 계실까요? …… 276
085 시가 노래 가사가 될 수 있다고요? …… 279
086 시낭송 잘하는 방법이 따로 있나요? …… 285
087 시를 이야기로 만들 수 있나요? …… 288
088 영화 속 명대사는 왜 사람마다 다를까요? …… 291
089 어떤 인물이 이야기 속 주인공이 될까요? …… 294
090 이야기 속 여러 사건, 어떻게 만들어질까요? …… 298
091 소설가가 되고 싶어요 …… 301
092 묘사를 잘하려면 어떻게 해야 하나요? …… 304
093 적반하장도 정도껏? …… 308
094 그림책은 동화책과 어떻게 다른가요? …… 311
095 웃음에 대해 알고 싶어요 …… 314
096 재밌는 동화를 연극으로 만들고 싶어요 …… 318
097 연극 준비, 무엇부터 하면 될까요? …… 324
098 나도 배우가 될 수 있을까요? …… 328
099 옛이야기는 왜 정확한 시대를 말하지 않나요? …… 332
100 판소리 소설이 뭐지요? …… 334
101 나도 전기문의 주인공이 될 수 있을까요? …… 337

머리말 4

교과 단원 연계표 342 | 학년별로 읽으면 좋을 질문 번호 346

찾아보기 347

발표의 달인이 되려면?

우리나라의 자랑거리를 발표하려고 해요. 스티브 잡스처럼 멋지게 발표하는 방법을 알고 싶어요.

누구에게 무엇을 말할 것인지부터 생각해요

여러 사람 앞에서 나의 생각을 말해야 할 경우가 있어요. 수업 시간에 앞에 나가 발표하거나, 모둠 활동 때 친구들에게 의견을 말할 때처럼요.

이럴 때는 당황하지 말고 먼저 생각해 봐요. 누구에게, 무엇을 말해야 하는지를요. 발표를 듣는 사람이 누구인지에 따라, 또 발표할 내용이 무엇인지에 따라 표현 방법이 달라지거든요.

듣는 사람이 나보다 어리거나, 내 또래 친구라면 쉬운 단어를 사용해 이해하기 쉽게 말해요. 반면 웃어른 앞에서 발표를 한다면 그에 맞게 격식을 갖춰야 한답니다. 청중이 누구인지에 따라 듣는 사람이 흥미를 느낄 만한 내용을 곁들이면 더 좋겠지요?

알맞은 길이, 적당한 목소리, 적절한 눈맞춤

내용이 너무 길거나 짧으면 아무리 좋은 주제라도 듣는 사람이 이해하기 힘들겠지요? 알맞은 분량을 정하는 것도 중요하답니다.

발표할 때는 적당히 큰 목소리로 친구들의 얼굴을 보면서 말하는 것이 좋아요. 목소리가 너무 작으면 내용 전달이 잘 되지 않고, 바닥이나 종이만 보고 말하면 듣는 사람들이 지루해 할 수가 있거든요. 듣는 사람들과의 눈맞춤이 중요하답니다.

내용에 따라 다른 매체를 골라요

발표할 때 매체를 사용하면 내용을 좀 더 효과적으로 전할 수 있어요. 여기서 매체란 뭘까요? 매체란 어떤 것을 전달해 주는 물체예요. 발표 매체는 발표 내용을 전달해 주는 역할을 하지요. 매체를 사용하면 말로만 설명하는 것보다 더 생생하게 정보를 제시할 수 있어 듣는 사람이 내용을 쉽게 이해할 수 있답니다.

매체에는 사진, 그림, 도표, 동영상 등이 있어요.

- 인물이나 그림, 풍경 등을 보여 줄 때는 사진이나 그림 매체가 효과적이에요.
- 숫자로 된 자료를 사용할 때, 또는 어떤 상황의 변화를 보여 주거나 전·후를 비교할 때는 도표가 효과적이에요.
- 김치를 만드는 방법이나 민속춤을 추는 방법처럼 움직임에 관한 설명을 할 때는 동영상이 좋고요.

여기서 잠깐! 많은 정보를 전달하고 싶은 욕심에 매체를 너무 많이 사용하면 오히려 핵심 내용이 잘 정리되지 않아 역효과가 날 수도 있다는 사실, 잊지 마세요.

발표 중 청중의 지루함을 날려 버리는 결정적 한 방!

① 발표 시작 전에 주제와 관련된 재미있는 사진을 보여 주거나 이야기를 들려줘 청중을 내 편으로 만든다.
② 목소리 크기나 빠르기에 변화를 줘 청중에게 '왜 그럴까?'라는 호기심을 불러일으킨다.
③ 청중이 방심할 수 없도록 기습 질문을 한다.

토론은 말싸움이 아닌가요?

교실 한쪽에서 두 사람이 옥신각신 말싸움을 하고 있어요. 아파트에서 개를 길러도 되냐는 문제를 두고요. 한 친구는 자기네 집이니까 마음대로 해도 된다고 하는데, 또 다른 친구는 짖는 소리 때문에 안 된다고 해요. '길러도 된다' 대 '기르면 안 된다'는 의견이 팽팽히 맞서는 가운데 한바탕 토론이 벌어질 것 같아요. 그런데 말싸움과 토론은 어떻게 다른가요?

이럴 때 토론이 필요해요

전쟁터에서 적과 마주 보고 있다고 생각해 볼까요? 적의 옳고 그름을 따지지는 않지요. 오로지 내가 이기는 것만이 목적이지요. 말싸움은 마치 이런 전쟁과 같아요. 상대방이 옳고 내가 그를 수 있다는 생각은 할 틈도 없지요. 무조건 상대를 누르고 이기는 것만이 목적이어서, 어느 한쪽이나 때로는 양쪽이 다 큰 상처를 입어야만 끝나고 말지요.

컴퓨터 게임을 엄청나게 좋아하는 찬혁이와 반대로 컴퓨터 게임이라면 무조건 반대하는 엄마. 엄마는 찬혁이 말은 들어 보지도 않고 무조건 컴퓨터 게임을 못 하게 하고, 찬혁이 역시 엄마의 말을 듣기 싫은 잔소리라고만 생각해요. 이럴 때 필요한 건 뭘까요? 서로 감정적으로만 이야기한다면 남는 건 다툼과 미움뿐이에요. 나는 왜 그렇게 생각하는지 이야기하면서 상대방을 논리적으로 설득해 가는 과정이 필요하답니다. 이것이 바로 토론이지요.

'토론'은 어떤 문제가 있을 때 찬성편과 반대편으로 나뉘어 상대방을 설득하는 말하기예요. 이때 토론자들은 무턱대고 자기 편이 옳다고 우기기보다는 자신의 의견을 뒷받침할 수 있는 근거를 들어 주장해야 한답니다. 찬혁이와 엄마에게 필요한 것도 이런 토론일 거예요.

토론, 이렇게 진행돼요

그럼 이제 토론은 어떻게 진행되는지 알아보도록 해요.

토론하기에 앞서 사회자, 토론자, 판정인의 역할을 나눠 맡아요. 사회자는 발언 시간, 발언 순서, 반론 횟수를 정해 토론자에게 미리 알려요. 이어지는 토론 진행 순서는 대략 다음과 같아요.

> ① 주장 펼치기 ② 반론하기 ③ 주장 다지기 ④ 판정하기

① 찬성편이 주장과 근거를 펼치면 반대편 역시 주장과 근거를

펼쳐요. 근거를 내세울 때 주장을 뒷받침하는 구체적인 자료를 제시하면 좀 더 설득력이 생겨요.

② 양편은 서로 제시한 근거가 믿을 만하고 논리적으로 적절한지 살펴보고 반박할 수 있어요. 이것을 반론이라고 해요. 반론할 때는 적절한 추가 자료를 제시하면 설득력이 있지요.
물론 상대편 의견을 무조건 반박하거나 내 앞으로 제기된 반론을 무조건 인정하지 않는 자세는 삼가해야 한답니다.

③ 양측의 반론이 끝나면 주장을 다지는 순서로 이어져요. 최종적으로 자신의 주장이 옳다고 다시 한 번 정리해 말하는 단계지요.

④ 토론 단계별로 잘된 점과 부족한 점을 평가한 후 최종적으로 판정인이 판단해서 결정을 내려요.

잘 말하려면 잘 들어야 해요

토론자들은 자신의 의견을 뒷받침하는 근거를 들어 주장해야 해요. 그런데 그에 앞서 더 중요한 것은 자신의 의견을 무조건 내세우기보다는 상대편 주장을 끝까지 잘 듣는 거랍니다. 근거가 주장을 제대로 뒷받침하는지, 설명 자료가 구체적이고 믿을 만한지를 살펴야 하지요. 토론에 집중하지 않으면 엉뚱한 말을 하거나 상대편 질문에 답을 못할 수가 있어요.

상대편 의견을 놓치지 않고 잘 듣기 위해서는 메모가 필수예요. 빠르게 쏟아지는 말을 어떻게 다 받아 적냐고요? 상대편 의견을 들을 때는 핵심적인 낱말을 중심으로 기록하면 된답니다.

상대편 주장을 듣는 도중에 화가 난다고 욱하고 화를 내서는 안 돼요. 그래야 상대방 의견에 논리적인 근거를 제시하면서 반박할 수 있으니까요.

사회자 또한 토론 내용을 잘 들어야겠지요. 토론 내용이 토론 주제를 벗어나지는 않는지, 한쪽의 주장 시간이 너무 길지는 않은지 확인하면서 토론을 공정하게 이끌어 나가야 하니까요.

어떤 것이 토론 주제가 될 수 있나요?

여러 사람이 찬성과 반대로 나뉘어 경쟁적으로 말할 수 있는 것이면 된답니다. 다음 질문을 읽고 토론 주제로 적합하면 ○, 아니면 ×를 표시해 보세요.

① 동물원은 정말 필요한가? (　)
② 빼빼로데이에 친구끼리 선물을 주고받는 것은 좋은가? (　)
③ 초등학생이 화장을 해도 되는가? (　)
④ 현장학습을 어디로 가야 할까? (　)
⑤ 급식 순서는 어떻게 정할 것인가? (　)

● 정답은 340쪽에서

모둠 활동, 의견이 제각각이라 힘들어요

야호! 1박 2일 야영을 가요! 첫날 점심은 직접 만들어 먹는대요. 모둠별로 어떤 음식을 만들 것인지 정하라는데 어이쿠야, 떡볶이·카레·짜장·라면…… 좋아하는 메뉴가 서로 달라 결정하기가 어려워요. 다 같이 동의할 만한 메뉴를 정해서 기분 좋게 떠나고 싶은데, 좋은 방법 없을까요?

토의해 봅시다

어떤 문제가 생겼을 때, 서로 의견을 듣고 비교하다 보면 좋은 해결 방법이 떠오르기도 해요. 이렇게 두 사람 이상이 모여 의견을 나누며 가장 좋은 해결 방법을 찾아가는 말하기를 '토의'라고 한답니다. 현장학습 장소를 정하거나, 청소 당번을 정할 때 유용한 방법이에요. 토론처럼 찬성·반대 두 편으로 나뉘는 것이 아니라 여러 가지 다양한 생각들이 나오지요.

그런데 때로는 자신의 의견만 말하려고 하거나, 엉뚱한 말을 하는 친구 때문에 토의하기 어려운 상황이 벌어지기도 해요. 심지어 의견이 다른 친구들끼리 다투기까지 한다니까요. 그래서 토의를 잘하려면 다음과 같은 자세가 필요해요.

이것만은 지켜 주세요

내 의견을 내세울 때는 손을 들어 기회를 얻은 후에 말해요. 상대방이 말하는 도중에 끼어드는 것은 실례랍니다.

상대방의 말을 끝까지 귀 기울여 들어야 해요. 그러지 않으면 토의 주제와 관계없는 의견을 말할 수도 있고, 토의 흐름에 방해되는 엉뚱한 말을 하는 경우가 생겨 버리거든요.

'내가 최고야!'라는 생각으로 무조건 고집부리는 태도도 피해야 해요. 상대방과 내 생각이 어떻게 다른지 잘 비교하며 듣는 태도가 필요해요. 그러다 상대방 의견이 더 좋게 생각되면 어떻게 하냐고요? 내 의견을 고치거나 포기하는 것은 너무 자존심 상한다고요?

좋은 의견에 동의를 표시하는 것은 좋은 자세랍니다. 다른 의견의 좋은 점을 받아들여 내 의견을 보충하거나 수정하는 것을 부끄럽게 생각할 필요는 없어요.

토의, 이렇게 진행돼요

토의를 시작하기 전에 토의를 이끌어 갈 사회자와 토의자를 선정해요. 선정된 주제에 대해 각자 자료를 수집하고 정리하며 어떤 생각을 가지고 있는지 정리됐다면 본격적인 토의 단계로 들어가요.

> ① 주제 소개하기 ② 의견 나누기 ③ 의견 모으기 ④ 의견 결정하기

① 사회자가 토의 주제를 소개하고 토의 규칙을 안내해요.
② 토의자들은 각자의 의견과 왜 그런 의견을 제시했는지 까닭도 함께 이야기해요. 토의자 각자의 말이 길어지면 주의가 분산될 수 있으니 사회자가 중간 중간 앞서 제시된 토의자의 의견을 간단히 정리해 줍니다.
③ 토의자들은 서로 다른 의견을 비교하며 가장 조화로운 하나의 의견을 찾아가요. 비슷한 의견들은 하나로 모으고, 서로 다른 의견들은 장·단점을 생각해 보면 정리하기가 수월해요.
④ 의견이 몇 가지로 추려졌다면 이 중 가장 적절한 하나의 의견을 결정합니다. 토의 후에는 토의 활동을 평가하고 결정된 의견을 실천해요.

토론과 토의는 어떻게 다른가요?

4학년 때 토의라는 것을 배웠는데, 5학년이 되니 토론이라는 것을 또 배우네요. 그런데 당최 뭐가 다른 건지 모르겠어요. 여럿이 모여 의견을 나눈다는 것은 똑같은데 왜 이름이 서로 다른 거죠?

토론과 토의가 헷갈리는 이유

토론과 토의는 문제 해결을 위해 여러 사람이 의견을 나누는 의사소통 과정이에요. 토론이든 토의든 두 사람 이상의 참가자가 필요하고, 서로 의견이 분분한 문제를 앞에 두고 있다는 점이 비슷하답니다. 어느 쪽이든 모두 문제를 해결하기 위한 과정인 것이지요.

그런데 바로 이러한 공통점이 토론과 토의를 헷갈리게 하는 주범이기도 해요.

토론과 토의의 결정적 차이

지금 이야기하는 몇 가지 차이점만 이해한다면 토론과 토의를 명확히 구분할 수 있어요.

토론은 찬반 양쪽이 나뉜 상태에서 상대편이 우리 쪽 의견을 받아들이도록 설득하는 '경쟁적인 의사소통'이에요. 그렇기 때문에 토론자들은 찬성과 반대로 나뉘어 서로 대립하고, 상대방 주장에서 잘못된 점이나 약점을 찾아내려고 하는 비판적인 태도를 보여요.

반면 토의는 여러 의견을 견주어 보고 가장 좋은 해결책을 찾아가는 '협동적인 의사소통'이랍니다. 따라서 상대방을 헐뜯기보다는 더 좋은 제안이나 의견이 나왔을 때 받아들이려고 하는 태도를 보인다는 차이점이 있어요.

무엇이 더 적합할까요

여기서 잠깐! 함께 이야기해서 풀어야 할 문제가 생겼을 때, 토의와 토론 중 어떤 방법을 택하는 게 좋은지 알 수 있는 힌트 하나 줄까요? 힌트는 바로 '문제'나 '주제' 자체랍니다.

'초등학생이 화장을 해도 되는가?'처럼 '예'나 '아니오'로 답할 수 있어 찬반이 확실하게 나뉘는 문제는 토론 주제로 적합해요. '점심시간 급식 순서는 어떻게 정할까?'처럼 '예'나 '아니오'로 답할 수 없고 하나의 해결책을 제시할 수 있는 문제는 토의 주제로 적합하고요.

토론자·토의자를 빛내 주는 우아한 화법

의견 말하기	저는 ……라고 생각합니다. 이유는 다음과 같습니다.
동의하기	○○의 의견에 찬성합니다.
반대하기	좋은 의견이지만 제 생각은 좀 다릅니다.
문제 말하기	……한 문제가 발생할 가능성도 있습니다.
보충의견 말하기	○○ 의견에 보충하자면 이렇습니다.
장단점 말하기	각각의 경우에 장단점이 있습니다.
질문하기	질문이 있습니다. 말씀하신 중 ……라는 부분이 잘 이해되지 않는데 좀 더 설명을 듣고 싶습니다.
질문에 답하기	매우 중요한 질문입니다. 제 생각은 이렇습니다.

또래끼리도 존댓말을 쓰나요?

새 친구가 전학을 왔어요. 어떤 아이인지 궁금해서 모두들 눈이 똘망똘망해졌어요. 그런데 앞에 나가 자기소개를 할 때, 그 친구가 존댓말로 이야기하는 게 아니겠어요. 나이가 같은데 존댓말을 하니 어쩐지 듣기 어색해요. 친구끼리도 존댓말을 사용하나요?

인사말의 역할

인사는 만나거나 헤어질 때만 하는 것이 아니에요. 기쁜 일을 축하하거나 슬픈 일을 위로할 때, 또는 상대방에게 격려나 고마움을 나타낼 때도 한답니다. 인사말을 주고받으면 몰랐던 사람을 알게 되기도 하고, 이미 알고 있던 사람과는 더욱 친하게 지낼 수 있어요. 그런데 이러한 인사말이 상황에 따라 다르게 쓰인다는 사실을 알고 있나요? 공식적이냐 비공식적이냐에 따라 다르게 사용해야 한대요.

비공식적인 상황과 공식적인 상황

친구와 수다를 떨 때, 어머니께 고민거리를 털어놓을 때, 길에서 우연히 만난 선생님과 인사말을 나눌 때는 비공식적인 상황이라고 볼 수 있어요. 반면 수업 중에 발표를 할 때, 회장선거에서 유세를 할 때, 교장 선생님이 방송 조회를 하실 때는 공식적인 상황이라고 할 수 있어요.

- **비공식적인 상황에서** 사적인 관계이므로 편하게 예사말로 주고받아요. 자기의 마음이나 느낌을 솔직히 표현할 수 있지요.
    - 예시 쉬는 시간 짝꿍과 나누는 첫인사: 예은아, 네 이름 참 예쁘다. 난 병만이야, 김병만. 맞아, 코미디언이랑 이름이 같아. 전에 다닌 학교 친구들도 재미있어 했어. 나도 그 코미디언을 좋아해서 괜찮아. 함께 많이 웃고 지내자.

- **공식적인 상황에서** 예의를 잘 갖춰 높임말로 정중하게 표현해야 한답니다. 비공식적인 상황에서와는 다르게 자신의 느낌을 다듬고 정리해서 격식 있게 표현해야 하지요.
    - 예시 전학 온 교실에서 하는 첫인사: 안녕하세요? 제 이름은 김병만입니다. 앞으로 여러분과 함께 즐겁고 유쾌한 학교 생활을 하고 싶습니다. 잘 부탁합니다.

이런 이유에서 전학 온 친구는 첫인사를 할 때 존댓말을 쓴 것이에요.

인사의 품격을 높여 볼까요

비공식적인 상황에서 인사말을 할 때는 먼저 "고마워"처럼 시작하는 말을 하고, "너의 도움으로 내가 너무 기쁘고 행복하다"처럼 까닭을 들어 가며 하고 싶은 말을 해요. 그리고 다시금 고마운 마음을 표현하며 마무리한답니다. 여기에 말하는 이의 마음을 잘 나타낼 수 있는 표정이나 몸짓을 곁들인다면 금상첨화겠죠?

공식적인 상황에서 인사말을 할 때는 듣는 사람의 지위나 나이, 상황과 목적에 따라 표현이 조금 달라질 수 있어요. 쑥스럽다고 몸을 비틀거나 웃고, 또는 고개를 푹 숙여서는 좋은 인상을 남길 수 없어요. 바른 자세로 하고 싶은 말이 잘 전해지도록 해야 한답니다.

하지만 무엇보다 가장 중요한 것은 인사말에 들어 있는 '진실한 마음'이겠지요? 표현만 번지르르한 인사말보다는 서툴지만 진심 어린 마음이 담긴 인사말이 때로는 더 좋은 인상을 주기도 하니까요.

다른 사람 앞에서 말할 때 떨지 않는 방법

말하기 능력은 타고나는 것이 아니라 길러지는 것이라고 해요. 언어 불안 증세를 가지고 있던 어린이들이 많은 연습 끝에 아나운서가 되는 경우도 있답니다. 자, 소심하거나 말하기에 자신 없는 친구들을 위해 소개합니다. 말할 때 떨지 않는 방법!

- 먼저 책상에 앉아 책을 큰 소리로 또박또박 읽어 봅니다. 보고 듣는 사람이 없으니 그만큼 부담도 없을 거예요.
- 화장실에서 거울을 보며 말해 보는 것도 한 방법이에요. 내 얼굴을 보며 말하는 것이니 쑥스러움도 조금 덜하겠죠?
- 말하기 전에 준비할 시간이 있다면 생각을 글로 간단히 정리해 보는 것도 좋아요. 내 생각이 정리된 글만큼 든든한 준비물은 없지요.
- 마지막으로 말할 기회가 생겼을 때는 도망치지 말고 눈 딱 감고 말해 보세요.

한 번이 두렵지, 두세 번 말하다 보면 어느새 말하기를 즐기는 내가 되어 있을 거예요.

친구를 소개하는 데도 방법이 있다고요?

친구가 우리 집에 놀러 왔어요. 어머니와 친구는 처음 보는 사이예요. 누구를 누구에게 먼저 소개해야 할까요?

소개하기 전에 살펴볼 것들

소개하기 전에 먼저 소개할 대상을 파악해 보세요. 소개하는 대상이 사람인지 아니면 물건이나 현상인지를요. 대상에 따라 소개하는 목적도 달라져요. 만약 소개하는 대상이 사람이라면 인간관계를 맺기 위한 것, 물건이나 현상일 때는 정보 전달이나 설득을 위한 것일 가능성이 높아요.

- **사람을 소개할 때** 이름, 생김새, 성격, 특기, 장래희망, 내가 그 사람을 좋아하는 까닭 등등 필요한 것들을 상황에 따라 말해요.

- **물건이나 현상을 소개할 때** 듣는 이가 정보를 기억하기 쉽도록 간결하고 명료하게, 또 객관적이고 정확하게 말해요.

소개를 할 때는 듣는 사람이 궁금해 할 만한 내용을 생각하면서 말하면 좋답니다.

소개하는 순서

어머니와 길을 걷다 선생님을 만났어요. 이럴 때는 누구부터 소개해야 할까요? 자기와 가까운 사람을 먼저 소개해요. 선생님께 어머니를 먼저 소개한답니다. "선생님, 저희 어머니예요"라고 말한 뒤, "어머니, 저희 선생님이에요"라고 해야지요.

친구를 집에 데려가서 어머니께 소개할 때는 어떨까요? 나이 차이가 있는 두 사람을 서로 소개시킬 때는 나이 어린 사람을 나이 많은 사람에게 먼저 소개한답니다. 그러니까 친구를 어머니께 먼저 소개하면 되겠지요. "엄마, 제 친구 예나예요"라고 친구를 소개한 뒤, "예나야, 우리 엄마야"라고 소개해요.

남성과 여성이 함께 있을 때는 보통 남성을 여성에게 먼저 소개한답니다.

칭찬에는 무슨 힘이 있어 기분을 좋게 하나요?

늘 조용하고 험상궂은 표정이라 말 걸기도 어려운 친구 영민이가 웬일로 싱글벙글하네요. 달리기에서 1등을 해서 선생님께 칭찬을 받았기 때문일까요? 고래도 춤추게 한다는 칭찬에는 어떤 마술 같은 힘이 있는 걸까요?

기쁨을 샘솟게 하는 마술, 칭찬

칭찬을 들으면 기분이 참 좋아서 칭찬받았던 행동을 계속하고 싶어져요. 자신감도 생기고 상처받은 마음도 사라지죠.

칭찬은 듣는 것도 좋지만, 해 주는 것도 좋아요. 칭찬을 통해서 내 마음을 상대방에게 전할 수 있고, 관계도 전보다 돈독해질 수 있으니까요.

효과적으로 칭찬하는 방법

칭찬은 칭찬할 거리가 생겼을 때 그 자리에서 바로 하는 것이 좋아요. 오랜 시간 후에 칭찬을 하면 상대방이 기억을 못해, 쑥스러운 상황이 생길 수 있어요.

칭찬할 거리를 애써 생각해 내는 게 어렵다면 내가 그 친구의 어떤 부분을 긍정적으로 느끼는지 찾아보는 것도 좋아요.

칭찬할 거리가 생겼다면 마냥 "잘 그렸어", "예쁘다"라는 표현보다는 어떤 점이 좋았는지를 구체적으로 이야기하는 게 좋지요. "사람의 표정과 모습을 실감나게 잘 그렸구나", "옷 색깔이 너하고 잘 어울려 예쁘다"처럼 말이에요.

결과뿐만 아니라 과정도 함께 칭찬하면 좋아요. "이제 자전거를 잘 타는구나"보다는 "목표를 세워 매일 연습하더니 드디어 자전거를 잘 타게 됐구나"처럼요.

둘이 있을 때보다 여러 사람 앞에서 칭찬하는 것이 더 효과가 좋아요. 많은 사람이 함께 호응해 줄 수 있으니까요. 칭찬받는 사람의 기쁨이 배가 되는 건 두말할 필요 없이 당연하겠죠?

좋아하는 친구에게 마음을 들키지 않고 자연스럽게 칭찬하고 싶어요.

칭찬하는 것이 아직 어색하고 쑥스럽다면 꼭 말로 할 필요는 없어요. 편지를 쓰거나 쪽지를 써서 마음을 전하는 것도 좋은 방법이지요. 형식보다는 자신의 마음이 잘 드러나게, 쓰고 싶은 내용을 자세히 쓰는 게 좋답니다.
상대방이 칭찬을 받아들이지 않은 경험이 있다고요?
이럴 때는 칭찬하는 내 말투나 태도에 혹시 거짓이 담기지는 않았는지 돌아보세요. 칭찬을 하려고 없는 이야기를 꾸미거나 과장하고 상황에 맞지 않는 이야기를 하면 오히려 역효과가 날 수도 있답니다.

어떻게 사과해야 할까요?

오해가 생겨서 친구와 싸웠어요. 사실을 알고 나니 속상하고 미안한 마음에 먼저 사과하고 싶지만 왠지 쑥스러워요. 이럴 때 어떻게 하면 좋을까요?

미안한 마음을 글에 담아 보세요

사과하는 글은 상대방의 분노나 섭섭함을 풀어 줄 수 있어요. 사과를 하고 나면 싸우고 토라지기 전보다 오히려 관계가 좋아지기도 해요. 그러니 용기를 내 사과 편지를 써 볼까요?

친구에게 미안하다고 쓰는 쪽지, 부모님께 화내서 죄송하다고 쓰는 편지, 친구하고 싸워서 쓰는 반성문, 방송에서 나오는 시청자 사과문, 공사 현장의 사과문······. 모두 사과하는 글이지요.

사과하는 마음을 글로 쓰는 데는 이유가 있어요. 말로는 온전히 전하기 힘든 복잡한 사정을 차분히 적을 수 있다는 게 글의 가장 큰 장점이지요. 또 방송에서 시청자 한 사람 한 사람에게, 공사 현장에서 행인 한 사람 한 사람에게 일일이 직접 사과하기 어려운 상황에서도 말보다 글이 효과적인 도구가 되어 주고요.

사과하는 글쓰기

진솔한 편지글 형식으로 써 보세요. 글 첫머리에 사과받는 사람이 누구인지 적어요. 그리고 "어머니께서 아침에 늦게 깨워 주셔서 지각을 하게 돼 짜증을 냈어요"처럼 어떤 이유로 사과하는지 그 내용과 까닭을 자세히 써 보세요. 이어서 상대방의 마음을 헤아리는 내용이 들어가는 게 좋지요. "제가 늦게 일어나고 짜증을 내서 어머니는 속상하고 화가 나셨을 거예요"처럼요. 마지막으로 앞으로는 변화된 모습을 보이겠다는 다짐이 잘 나타나 있는지도 확인해 보세요.

사과하는 글은 표현에 특히 주의해야 해요. 대상이 웃어른일 경우 사과하는 글은 더 예의 바르게 써야 한답니다.

당장은 불편한 상황을 피하고 싶더라도 용기를 내 진솔한 마음을 담아 사과해 보세요. 분명 진심이 전해질 거예요.

반장선거, 누구에게 투표해야 할까요?

반장선거에 두 친구가 나왔어요. 한 친구는 당선되면 햄버거를 쏜다고 해요. 다른 한 명은 반장이 되면 준비물을 잘 빌려 주고 공부할 때 궁금한 문제를 물어보면 잘 알려 주겠다고 해요.

선거 유세란

선거 유세는 자신이 내세우는 공약을 설득력 있게 설명해 유권자(선거에서 투표할 권리를 지닌 사람)의 지지를 얻는 것이 목적이에요. 공약이란 만약 후보자가 당선된다면 어떤 일을 할 것인지 유권자에게 다짐하는 약속이에요.

후보자는 먼저 인사와 함께 자기소개를 해요. 그러고 나서 선거에 나오게 된 까닭과 자기가 뽑히면 어떤 일을 하겠다는 공약을 말하지요. 끝 부분에는 투표자들의 지지를 부탁하는 마무리 말을 해요.

선거 유세 비판적으로 듣기

선거 유세를 하는 사람들은 다양한 설득 전략을 쓰는데, 청중은 이러한 후보 유세를 듣고 판단을 내리는 심판관과 같아요.

유권자는 후보자의 선거 유세를 비판적으로 듣는 것이 중요해요. 그러지 않으면 대표를 잘못 선택할 수 있거든요. 어떤 반장이 이끄느냐에 따라 한 학기 동안 학급 모습이 달라지기도 하지요.

청중은 후보자의 공약이 실천할 수 있는 것인지, 가치 있고 중요한 것인지를 꼼꼼히 살펴봐야 해요. 그런데 앞서 말한 두 친구의 공약을 살펴보니, 어딘가 조금씩 부족해 보여요. 반장은 한 학기 동안 반 친구 전체가 학교생활을 잘해 나갈 수 있도록 고루 돌보고 이끌어 가는 역할이에요. 그런데 이 두 친구의 공약에는 그런 생활을 위해 어떤 것이 필요한지에 대한 고민이 잘 드러나 있지 않아요. 햄버거를 먹고 나면 한 학기 동안 행복할까요? 준비물을 빌려 주려면 얼마나 많은 준비물을 대신 챙겨야 할까요? 두 사람 다 공약을 좀 더 고민해 봐야 하지 않을까요?

말만 잘한다고 함부로 믿어서도 안 돼요. 즉, 후보자가 믿을 만한 사람인지도 평상시 행동을 근거로 삼아 판단해야 하지요.

마음 상하지 않게 충고하는 방법은?

우리 반 지각대장 한울이가 오늘도 지각을 하고 말았어요. 그 친구에게 아침에 좀 더 일찍 일어나라고 말하고 싶은데, 괜히 말했다가 사이만 틀어질 것 같아요. 어떻게 말하는 게 좋을까요?

말하기 전에 한 번 더 생각해요

    충고란 잘못이나 흠을 일깨우고 진심으로 타이르는 말이에요. 칭찬과 달리 상대방의 부족한 점을 드러내지요. 때문에 생각나는 대로 말할 게 아니라 신중하게 곱씹어 이야기해야 해요.

충고할 때는 듣는 사람의 처지와 기분을 먼저 살피세요. 화난 표정을 짓거나 거칠게 표현하는 건 좋지 않아요. 지각을 해서 이미 지적을 받았는데 친한 친구마저 화난 표정으로 늦지 말라고 하면 듣는 사람 마음이 당연히 불쾌하겠지요?

내용만큼 중요한 건 태도

말하기에 앞서 상황에 맞는 표정과 몸짓을 생각해 보세요. 충고 내용만큼 중요한 건 충고하는 태도이지요. 좋은 태도는 듣는 사람과 말하는 사람 모두에게 자신감을 불러일으키고 웃음을 짓게 만들어요. 대화를 부드럽게 이어 주고 관계 또한 서먹해지지 않게 도와주지요. 반대로 따지기, 빈정거리기, 탓하기, 위협하기 등의 태도는 친구에게 상처가 되고 기분을 상하게 한답니다.

친밀감 확인하기	"너는 내 소중한 친구잖아."
격려하기	"이제는 잘할 수 있을 거야."
공감하기	"맞아, 정말 힘들었겠구나."
표정	따뜻한 시선으로 미소를 짓는다.
손짓	손을 자연스럽게 둔다.
고개	고개를 자연스럽게 끄덕인다.
거리	듣는 이와 가까운 거리에서 말한다.
말투	부드럽고 다정한 말투를 쓴다.

충고를 들었을 때

충고를 받을 때는 충고하는 사람의 마음을 헤아리면서 적절하게 대답해야 해요. 나를 생각하고 걱정해 주는 사람에게는 고마움을 표시하는 것이 좋겠지요.

한번 예를 들어 볼까요?

예시 네가 모둠 활동에 빠지면서 과제를 제시간에 끝내지 못해 많이 속상했어. 다음에는 꼭 참여했으면 좋겠어.
→ 미안해, 오늘은 내가 친구와 싸워서 집중을 못했어.

예시 많이 바쁘겠지만 재활용할 수 있는 종이 쓰레기를 따로 모으면 쓰레기 양이 줄 거야.
→ 응, 다음에는 꼭 그렇게 할게.

예시 많이 피곤한가 봐. 수업 시간에 조는 모습을 보니 내 가슴이 다 조마조마해. 조금만 더 졸음을 참아 봐.
→ 응, 걱정해 줘서 고마워.

동생이 제 설명을 못 알아들어요

동생에게 이야기를 들려주다 보면 꼭 싸우게 돼요. 동생은 조금이라도 어려운 낱말이 있으면 꼭 그 뜻을 물어보고, 그러다 보면 정작 하려는 이야기엔 소홀해져요. 낱말 뜻을 설명해도 동생이 잘 이해하지 못할 땐 다시 설명해야 해요. 어떻게 해야 동생이 더 쉽게 이해할 수 있을까요?

듣는 사람에 따라 말하는 법이 달라져요

누군가에게 무엇을 설명해야 하는 경우가 있어요. 지하철역에서 방향을 묻는 사람도 있고, 낱말 뜻을 물어보는 친구도 있고, 또 한국의 전통 물건이나 음식을 외국인에게 설명해야 하는 경우도 있어요. 이럴 때 어떻게 해야 듣는 사람이 쉽게 이해할 수 있을까요?

● 상대방의 수준에 맞는 단어를 선택해요

동생에게 '세종이 한글을 창제했다'는 내용을 전할 때는, '창제했다'보다는 '만들었다'라고 하는 것이 훨씬 효과적이지요.

● 듣는 사람이 얼마나 알고 있는지 고려해요

예를 들어, '훈민정음'에 대해 전혀 모르는 사람에게는 훈민정음이 무엇이고 누가 왜 만들었는지 등을 대략적으로 설명해야 해요. 하지만 훈민정음을 이미 알고 있는 사람에게는 잘 알려져 있지 않은 재밌는 일화나 구체적인 사실을 설명하는 것이 좋지요.

● 구체적인 예를 들어 설명해요

동생이 아직 자음과 모음을 잘 모른다면 'ㄱ·ㄴ·ㄷ·ㄹ……은 자음이고, ㅏ·ㅑ·ㅓ·ㅕ는 모음이야'라는 식으로 예를 들어 설명하면 보다 쉽게 이해할 거예요.

듣는 이의 표정을 읽으세요

설명할 때 우리가 놓치지 말아야 할 것이 하나 있어요. 그건 바로 듣는 사람의 표정이에요. 듣는 사람의 표정을 관찰하면 내가 설명하는 내용을 잘 이해하고 있는지 그렇지 않은지를 알 수 있거든요.

상대방의 처지를 표정까지 살피면서 이야기하면 보다 쉽게 내용을 설명할 수 있답니다.

안내하는 말을 들을 때 주의할 점이 있나요?

종종 교내 대회나 행사에 대해 안내해 주는 방송을 듣는데요, 내용을 놓칠 때가 많아요. 어떻게 해야 잘 듣고 오래 기억할 수 있을까요?

안내 방송을 잘 듣는 요령

일단 알고 싶은 내용을 미리 생각하고, 주의 깊게 들어야 해요. 듣고 알게 된 내용이나 중요한 내용은 종이에 적어 놓으면 기억에 오래 남지요.

메모는 어떻게 하는 것이 좋을까요? 중요한 내용만 낱말 중심으로 간단히 적어요. 이렇게 하면 내용을 오랫동안 기억할 수 있고 듣지 못한 친구에게 전해 줄 수도 있어요.

안내하는 말을 잘하는 비법

이번에는 내가 안내하는 입장이라고 생각해 볼까요? 안내하는 말을 잘하려면 어떻게 해야 할까요? 안내하는 말을 할 때는 상대방이 알고 싶어 하는 것은 무엇인지 생각하며 자세히 말해요. 이때 친구가 잘 이해하고 있는지 얼굴 표정을 살피며 말하는 것이 좋아요.

예를 들어, 생일에 친구를 초대했는데 오는 길을 잘 모른다고 해봐요. 이럴 때 안내를 잘하면 친구가 헤매지 않고 잘 찾아올 수 있어요. 먼저 친구가 있는 곳을 기준으로 방향을 정확히 알 수 있게 자세히 말해요.

"너희 집 앞 횡단보도를 건너면 왼쪽에 약국이 있지. 약국 쪽으로 계속 내려가다 보면 오른편에 빵집이 있어."

이런 식으로 순서대로 설명해 나갑니다. 친구가 이해하고 있는지 중간 중간 확인하는 센스도 필요하겠죠?

안내문과 설명서의 특징

알리거나 설명하고 싶은 내용을 보기 좋게 정리해 읽는 사람이 이해하기 쉽게 쓴 글을 안내문 또는 설명서라고 해요. 글로만 쓰여진 경우도 있지만, 읽는 사람이 잘 이해할 수 있도록 사진, 그림, 지도, 만화 등을 곁들인 경우도 있답니다.

안내문이나 설명서에 알맞은 그림을 그리는 방법

① 안내문에서 그림으로 표현할 주요 내용을 뽑아요. 모든 내용을 그림으로 표현하긴 어려워요. 가장 특징적인 내용, 시각적 설명이 부족할 경우 이해하기 어려운 것을 찾아보세요.

② 내용에 알맞은 그림을 그려요. 아름답게 표현하는 것보다는 얼마나 정보를 정확하게 표현하는가, 큰 특징을 포착해서 알기 쉽게 표현하는가가 중요해요.

③ 글과 그림이 일치하는지 확인해요. 객관적으로 판단하기 어려울 땐 주변 사람들에게 보여 주고 도움을 받아요.

전화 받는 데도 지켜야 할 예절이 있다고요?

'뚜루루루' 전화벨이 울려 수화기를 들었어요. 그런데 다짜고짜 어떤 아이가 "야! 빨리 나와. 앞에서 기다리는 중이잖아!" 버럭 소리를 지르네요. 황당했지만 정중히 물었어요. "누구신대요?" 그런데 '뚜―' 전화가 끊겼어요. 참 당황스러워요. 소리를 지르다가 갑자기 전화를 끊다니 화가 나기도 하고요.

목소리로만 소통해요

'통화(通話)'는 전화기라는 매체를 사용해 대화하는 것을 말해요. 서로 얼굴을 볼 수 없기 때문에 상대방 말에 더 집중하고 서로 입장을 배려하며 대화해야 해요. 자칫하면 상대방이 전달하려는 내용을 못 들을 수도 있고, 사소한 말 한마디 때문에 오해가 생길 수도 있거든요. 그럼, 지금부터 전화 대화에서 지켜야 할 예절을 알아볼게요.

우리가 꼭 지켜야 할 통화 예절

- **전화가 울리면** 가능한 한 빨리 받아요. 전화가 잘못 걸려 왔을 때는 "잘못 걸었습니다"라고 정중히 말해야 한답니다.

- **전화를 걸 때** 먼저 자신이 누구인지를 밝히고 용건을 말해요. 하고 싶은 말이 많더라도 꼭 필요한 말만 간단히 해야겠죠? 그리고 나 혼자 말하는 것이 아니라 상대방에게도 말할 기회를 줘야지요.

- **전화를 끊을 때** 끊는 말을 분명히 해 내가 전화를 끊을 것을 상대방이 미리 예상할 수 있도록 해야 해요. 웃어른과 통화한 후에는 상대방이 먼저 전화를 끊을 때까지 기다린 후 나도 전화를 끊습니다.

- **주변을 살펴요** 너무 큰 소리로 통화해서 주변의 눈살을 찌푸리게 하면 안 돼요.

- 장난 전화를 해서는 안 된다는 것은 모두가 알고 있을 거예요.

'여보세요'의 탄생

전화를 받을 때 '여보세요'라고 하는 말은 '여기 좀 보세요'에서 출발했어요. 전화기라는 기계가 우리나라에 처음 들어온 1902년, 사람들은 조그만 기계에 귀를 대면 사람의 목소리가 흘러나온다는 것이 무척 신기했답니다. 얼굴은 없는데, 목소리는 들리고 얼마나 놀라웠을까요. 신기하고 이상해서 살며시 전화기 안쪽에 숨어 있는 사람을 불러본 말이 바로 '여기 보오'였어요. 여기에 '–세요'가 합쳐져 '여보세요'라는 말이 만들어졌다고 해요.

전화기를 처음 만든 사람은 누구?

전화기는 1876년 벨이 미국에서 특허를 얻으면서 널리 사용되기 시작했어요. 처음에는 가까이 있는 두 사람만이 사용할 수 있었지만 기술이 발달해 먼 거리의 사람들끼리도 사용할 수 있게 됐답니다.

▶ 1892년 드디어 장거리 전화가 개통됐어요. 이를 기념해 뉴욕에서 시카고로 전화를 걸고 있는 벨의 모습이에요.

새 친구와 즐거운 대화를 나누기 위해 필요한 것은?

3월, 새 학년이 되어 친구를 처음 만났어요. 이때 어떻게 말을 건네느냐에 따라 친구와 금방 친해질 수도 있고, 쭈뼛쭈뼛 멋쩍어지기도 해요. 친구와 금방 친해지려면 어떻게 이야기해야 할까요?

공통의 관심사를 찾아요

어색한 상황에서 벗어나기 위해 뭔가 말을 하고 싶은데 입이 도통 떨어지지 않아요. 도대체 무슨 말을 먼저 꺼내야 할까요?

이럴 때 가장 좋은 말하기 주제는 공통의 관심사예요. 친구가 흥미나 관심을 가진 내용으로 이야기를 이어 가는 것이 좋지요. 친구와 내가 모두 축구에 관심이 많을 경우, 좋아하는 축구선수나 축구팀에 관해 이야기하다 보면 대화를 오래 이어 갈 수 있어요. 어색함은 온데간데없이 사라지고 오히려 수다 삼매경에 빠질 수도 있답니다.

이렇게 반응해 주세요

낯선 친구에게 용기 있게 한마디 건넸다면, 다음 순서는 그 친구 말에 적극적으로 반응을 보이는 것이에요. 친구 말에 "그래?", "정말?", "나도 그래"하고 맞장구를 쳐 보세요. 그럼 친구는 '어? 이 아이는 내 말을 잘 들어 주네. 괜찮은 친구 같은데?'라는 생각을 하게 될 거예요. 한 걸음 더 나아가 궁금한 점까지 질문한다면 나에 대한 호감은 급상승할 거예요. 친구에게 내 진심이 전해져 '내 말에 진지하게 귀 기울이고 있구나' 하는 생각이 들 테니까요.

이처럼 상대방 말을 듣고 적극적으로 반응하면 서로 기분이 좋아져요. 또한 친구와 자연스럽게 대화를 이어 갈 수 있기 때문에 금방 친해질 수도 있지요.

종종 잘 모르는 사람과 이야기를 나눠야 하는 경우가 생겨요. 이럴 때 조급해 하지 말고 상대를 배려하며 차분히 대화한다면 어느새 쌓인 친밀감을 느낄 수 있을 거예요.

015

면담하러 갈 때 준비할 것은?

저는 기자가 꿈이랍니다! 언젠가는 월드스타 싸이를 만나 그의 바쁜 하루를 취재하고 싶어요. 오, 상상만으로도 가슴이 두근두근하네요. 싸이와 만나면 무슨 말을 해야 할까요? 준비 없이 면담을 한다면 머리가 백지장처럼 새하얘져서 아무 말도 못할 것 같아요.

면담이란

'면담(面談)'은 얼굴을 마주 보고 나누는 대화를 말해요. 하지만 일상적으로 나누는 대화를 모두 면담이라고 하지는 않아요. 면담은 특정 인물이나 주제에 대한 정보를 수집하기 위해 나누는 목적이 분명한 대화로 흔히 인터뷰(interview)라고도 하지요. 면담자는 면담 대상자와 대화를 주고받는 과정에서 생생한 정보를 얻을 수 있고, 궁금한 내용은 직접 물어 즉석에서 답을 얻을 수도 있어요.

면담을 하기 전에 해야 할 일

면담을 위해서는 먼저 면담 대상자에게 사전에 허락을 구해야 해요. 이때 면담 날짜와 장소를 정하고, 면담 목적과 내용을 미리 알려야지요. 질문을 준비하고 녹음기나 필기도구 등 준비물도 빠짐없이 잘 챙겨야 한답니다.

면담자는 이야기 주제에 관해 미리 충분히 조사해야 해요. 그래야 이미 잘 알려진 사실이나 중요도가 떨어지는 사소한 내용을 소재 삼거나, 뒤늦게 질문 거리를 생각하느라 시간만 낭비하는 실수를 범하지 않으니까요.

질문할 내용을 면담 대상자에게 미리 알려 주면 안 되냐고요? 괜찮지요. 면담 대상자가 충분히 답변할 수 있도록 질문을 살짝 귀띔해 줘도 좋답니다.

면담 중 이런 점은 조심하세요

질문할 때는 자세하고 정확한 정보를 얻기 위해 구체적인 사실을 질문하고, 면담 대상자의 생각이나 의견 등을 묻는 것도 좋아요.

주제를 벗어난 이야기는 하지 말아야 해요. 면담 대상자가 말하는 중간에 끼어드는 것은 예의가 아니지만, 답변이 지나치게 엉뚱한 방향으로 흘러갈 때는 면담자도 이를 지적해 제지할 수 있어요.

마무리할 때는 앞으로의 계획이나 각오 등을 질문하면서 정리하면 자연스럽지요.

TIP

책과 면담, 정보 수집 방법의 차이

책	① 정보를 얻기에 앞서 따로 준비 과정이 필요하지 않다. 단, 정보 수집 목적만큼은 잘 이해하고 있어야 한다. ② 주어진 내용 외의 정보를 얻기 어렵다. ③ 최신 정보와 차이가 나지 않는지 확인이 필요하다. ④ 잘 이해되지 않는 부분은 언제든 다시 펼쳐 확인할 수 있다.
면담	① 미리 질문을 준비하고 면담 대상자의 상황을 배려해 약속을 정해야 한다. ② 궁금한 것을 묻고 답을 얻을 수 있다. ③ 대화를 주고받으며 생생한 정보를 얻을 수 있다. ④ 주로 글이 아닌 말로 정보가 오가기 때문에 녹음이나 녹화 등 기록하는 노력이 필요하다.

기분 좋은 대화를 위해 필요한 것은?

친구들과 운동장에서 달리기를 하고 있었어요. 운동을 잘 못해서 포기하고 싶었지만 잘 뛰고 있다는 친구의 말에 기분이 좋아졌어요. 말 한마디의 힘이 이렇게 큰가요?

상황을 고려해서 말해요

'고마워.'

'최고야.'

'잘했어.'
'힘내.'
'사랑해.'

우리의 기운을 북돋는 여러 가지 말이 있어요. 듣는 사람에게 잘 보여 손쉽게 이득을 보려는 아부와는 다르지요. 진심이 담긴 말은 듣는 사람과 말하는 사람 모두의 기분을 좋게 만들어요.

하지만 이런 말을 아무 때나 쓰는 것은 아니에요. 듣는 사람이 처한 상황에 맞게 써야죠. 가령 축구를 하다가 친구가 내 발에 걸려 넘어졌을 때 "괜찮니? 실수해서 미안해"라고 해야지, 기분을 풀어 준다고 "넌 축구를 잘하는구나"라고 해서는 안 되지요. 축구를 못한다는 반어적 의미로 해석될 수도 있으니까요.

떠오르는 대로 다 내뱉지 않아요

말 한마디로 좋은 관계를 만들 수도 있지만 말 한마디로 사람과 사람 사이가 멀어지기도 해요. 내 기분만 생각하고 말하다가는 다른 사람에게 상처를 줄 수 있어요. 동생이 케이크를 다 먹어 치웠을 때, "먹보 돼지! 앞으로 나도 네게 절대 나눠 주지 않을 거야"라고 해 버리면, 처음에는 미안한 마음이던 동생도 나중에는 화를 내거나 나를 미워하게 되는 수가 있지요.

내 기분을 솔직하게 표현하는 것도 중요해요. 하지만 당장 기분을 표현하고 싶은 마음이 앞서도, 상대방이 왜 그런 행동을 했는지 한번쯤 생각해 보는 태도가 필요해요. 떠오르는 대로 아무 말이나 해 버리면 나중에 후회할지 몰라요.

소통이 꼭 필요한가요?

함께 의논해서 정한 주제를 발표하는 시간인데 모두 찬성한 그 주제가 영 마음에 들지 않아요. 다른 모둠원은 제게 "모두 조금씩 양보했는데, 너만 독불장군처럼 고집을 부리면 어떡하니?" 하고 투덜대네요. 하지만 어제 읽은 나폴레옹 위인전에서는 '위대한 고집이 세상을 바꿨다'고 했는걸요. 저는 위대한 고집쟁이가 되고 싶다고요.

매 순간 소통하고 있어요

'의사소통'이란, 사람들이 서로의 생각과 감정을 나누는 활동을 말해요. 친구와 수다를 떠는 것도, 학급회의 시간에 서로 의견을 나누는 것도 의사소통이에요. 식구끼리 식탁에 둘러앉아 저녁식사를 하며 나누는 대화, 유명 정치인이 청중 앞에서 연설을 하는 것도 의사소통이랍니다.

이렇게 사람은 늘 의사소통을 하며 지내는데, 시간으로 치면 깨어 있는 시간의 70% 정도에 해당한다고 해요.

의사소통의 가치

자기만의 고집을 갖는 것도 중요하지만 그 고집이 얼마나 가치 있는지 알려면 다른 사람과의 소통이 필요해요.

의사소통은 말하고자 하는 사람이 머릿속에 있는 생각을 말이나 글로 표현하고 그것을 듣거나 읽는 사람이 이해하면서 이뤄져요. 이때 한쪽에서 다른 쪽으로 생각이 전달되는 것만으로 끝나지 않아요. 양쪽은 의견을 주고받으며 서로 영향을 미치기도 하지요. 다음 예시도 이러한 의사소통의 상황을 보여 주지요.

세현 : 현지야, 우리 점심시간에 피자 먹을까?
현지 : 난 요새 다이어트 중이야. 피자 말고 샐러드는 어때?
세현 : 그래, 그럼 점심 메뉴는 샐러드로 하자.

의사소통 속에서 우리 생각은 일방적으로 움직이지 않고 쌍방향으로 움직이며 더욱 성숙해지지요.

소통도 연습이 필요해요

때때로 우리는 주변에서 말이 잘 통하지 않는 사람을 만나기도 해요. 다른 사람의 슬픔을 보고도 이해를 못하는 친구, 다른 사람의 말은 듣지 않고 자기 생각대로만 판단해 버리는 친구, 또는 별생각 없이 가볍게 말하는 친구처럼요. 그것은 어쩌면 내 자신의 모습일 수도 있어요.

이런 친구들은 다른 사람의 말을 귀 기울여 듣는 노력, 다른 사람의 감정을 이해하려는 노력이 필요해요. 그리고 말하기 전에 미리 '지금 내가 이렇게 말하면 어떤 반응이 돌아올까?' 하고 생각해 보는 연습이 필요하답니다.

엄마는 아기의 마음을 어떻게 알까요?

제게는 아주 어린 동생이 있어요. 아직 말도 못해요. 그런데 참 신기하게도 엄마는 동생이 하는 말이 들리나 봐요. 제가 듣기에는 분명 다 똑같이 '응애' 하고 우는 소리인데, 엄마는 배고프구나, 기저귀가 젖었구나, 졸립구나 하고 척척 알아채세요.

몸짓으로 생각을 전해요

사람들은 대부분 말과 글로만 생각을 주고받을 수 있다고 생각해요. 하지만 몸짓으로도 생각을 표현할 수 있어요. 말을 하면서 다양한 동작을 곁들이거나 목소리의 크기, 높낮이 등을 조절하면 내 생각을 더 효과적으로 표현할 수 있답니다. 이러한 표현 방법을 '비언어적 표현과 반언어적 표현'이라고 불러요.

미국의 사회학자 알버트 메러비안의 조사 결과에 따르면 내 생각을 전달하는 데 말(음성언어)은 7%, 목소리(반언어적 표현)는 38%, 몸짓(비언어적 표현)은 55% 정도 역할을 차지한다고 해요. 이러한 연구 결과를 보니 우리는 대화하면서 언어보다 비언어와 반언어를 훨씬 더 많이 사용하고 있었군요.

언어보다 더 많은 것을 보여 주는 비언어·반언어

상황에 따라서는 언어적인 표현보다 비언어·반언어적인 표현이 더 믿을 만하기도 해요. 동생이 단짝 친구와 다투고 난 후 말로는 괜찮다고 하지만 굳은 표정을 짓고 있다면 결코 괜찮지 않다는 것을 알 수 있지요.

또한 비언어·반언어적인 표현은 상대방이 나에 대해 어떠한 태도를 보이는지를 알려 주기도 한답니다. 우리가 이야기를 할 때 말을 듣는 친구가 내 쪽으로 몸을 기울이고 고개를 끄덕인다면, 우리는 친구가 내가 하는 말에 동의하고 있다는 것을 느낄 수 있을 거예요.

수업 시간에 집중하기가 너무 어려워요

수업 시간마다 귀를 쫑긋 세워 선생님 말씀을 들어 보려고 엄청 노력해요. 하지만 저도 모르게 자꾸 다른 생각이 들어요. 어제 가지고 놀던 레고 생각, 심지어는 점심 급식 메뉴까지 미리 생각해 보게 돼요. 고개를 세차게 흔들어도 그때뿐이에요. 잘 듣는 법 좀 가르쳐 주세요.

듣기는 원래 어려워요

'니컬스(Ralph G. Nichols)'라는 학자의 연구에 따르면 사람들은 아무리 집중해서 들어도 이야기가 끝난 후에는 약 절반밖에 기억하지 못한다고 해요. 두 달이 지난 후에는 들은 내용의 25% 정도밖에 기억하지 못하고요. 뇌 용량에 한계가 있기 때문에 엄청난 분량의 내용을 모두 기억하지 못한답니다. 더구나 말하는 속도보다 생각하는 속도가 빠르기 때문에 아무리 주의 깊게 듣는다고 해도 그 틈을 비집고 딴생각이 드는 것은 당연하지요. 듣기는 원래 어려운 활동이에요. 그동안 우리는 단지 소리를 듣는 것을 듣기로 생각했기 때문에 별다른 노력이 필요하지 않다고 생각해 왔을 뿐이지요.

잘 듣는 방법

그래도 잘 들을 수 있는 방법이 있답니다. 먼저 집중해서 들을 준비를 해야 해요. 자세가 너무 불편하거나 주변이 시끄러운 상태에서는 잘 들을 수 없거든요.

들으면서 중요한 내용은 메모하는 습관이 필요해요. 뇌는 한계가 있기 때문에 아무리 집중해서 들어도 잊어버리는 것은 당연하다고 했죠? 오래 기억하기 위해서는 메모가 필수랍니다.

듣기가 끝난 후에는 들은 내용을 스스로 다시 설명해 보면 좋아요. 내가 이해하지 못한 내용이 무엇인지 찾을 수 있거든요. 잘 이해하지 못한 내용은 질문을 통해 다시 이해하도록 해야 한답니다.

빠짐없이 듣고 기억하는 것만이 전부는 아니에요. 우리는 녹음기가 아니니까요. 더 중요한 것은 들은 내용에 대해 스스로 생각해 보는 태도이지요. 말하는 사람의 의견이 옳은 것인지, 나는 그것에 대해 어떻게 생각하는지 비판적으로 따져 봐야지요. 또, 혹시 선입견 때문에 잘못 듣고 잘못 판단하진 않았는지, 자신의 마음가짐도 돌아봐야 하고요.

왜 어른들은 속담이나 격언을 많이 사용하나요?

오늘 친구끼리 싸움이 있었어요. 그 모습을 본 선생님께서 '가는 말이 고와야 오는 말이 고운 법이다'라고 하셨어요. 지난번에는 어머니께서 뉴스를 보며 '윗물이 맑아야 아랫물이 맑다'라고 말씀하셨어요. 어른들은 왜 이렇게 속담이나 격언을 많이 사용할까요?

속담과 격언

속담은 옛날부터 전해 내려오는 풍자, 비판, 교훈 등을 간직한 짧은 말이에요. 격언 또한 옛사람들의 지혜를 담고 있는 말이에요. 격언 속에도 인생을 현명하게 살아가는 데 도움을 주는 가르침이 들어 있어요. 속담에 비해 출처가 드러난다는 점이 특징적이에요.

- **속담** 예로부터 전해 내려오는 쉽고 짧으면서도 소중한 교훈을 담고 있는 말
  - 예시 가는 말이 고와야 오는 말이 곱다: 내가 남에게 말이나 행동을 잘해야 남도 나에게 잘한다는 말.
  - 예시 공든 탑이 무너지랴: 정성을 다한 일은 결과가 헛되지 않을 것이라는 말.

- **격언** 인생의 교훈이 될 만한 짧은 말
  - 예시 위대한 행동이라는 것은 없다. 위대한 사랑으로 행한 작은 행동들이 있을 뿐이다. _테레사 수녀
  - 예시 하루라도 책을 읽지 아니하면 입속에 가시가 생길 것이다. _안중근 의사
  - 예시 오이를 심으면 오이를 따고, 콩을 심으면 콩을 딴다. _명심보감: 노력한 만큼 대가를 얻는다는 뜻.

속담 활용하기

충고하거나 비평할 때, 속담을 사용하면 내 생각을 간단하고 효과적으로 전할 수 있어요. 또한 속담은 풍자, 비판, 교훈 등을 담고 있어 주장을 할 때도 많이 인용되지요.

속담을 써서 주장을 펼치고 싶을 때, 제일 중요한 것은 속담 뜻을 정확히 알고 있는가 하는 점이에요. 잘못 이해한 채 사용하면 엉뚱한 말이 될 테니 오히려 소통을 방해하겠죠?

TIP

여러 가지 속담 익혀 보기

① 가는 말이 (   ) 오는 말이 (   ).

② 티끌 모아 (   ).

③ (   )이 무너지랴.

④ (   )이 서 말이라도 꿰어야 보배다.

⑤ 낫 놓고 (   )도 모른다.

⑥ (   )은 새가 듣고 (   )은 쥐가 듣는다.

⑦ 콩 심은 데 (   ) 나고 (   ) 심은 데 팥 난다.

⑧ (   )도 두들겨 보고 건너라.

⑨ (   ) 밑이 어둡다.

⑩ (   ) 가는 데 (   ) 간다.

⑪ (   ) 도둑이 소 도둑 된다.

⑫ (   )도 맞들면 낫다.

⑬ 불난 데 (   )한다.

⑭ (   )도 밟으면 꿈틀한다.

⑮ 세 살 버릇 (   )까지 간다.

⑯ 소 잃고 (   ) 고친다.

⑰ (   ) 도끼에 발등 찍힌다.

⑱ 우물 안 (   ).

⑲ (   )도 나무에서 떨어질 때가 있다.

⑳ (   ) 고추가 맵다.

● 정답은 340쪽에서

놀면서 공부할 수는 없나요?

학교에서 공부, 학원에서 공부, 집에서 공부! 아, 실컷 놀아 봤으면 좋겠어요. 놀면서 배울 수 있는 것도 많잖아요.

말놀이로 재미있게 국어 공부해요

　가장 재미있게 국어 공부를 할 수 있는 방법 중 하나가 말놀이지요. 끝말잇기, 말 덧붙이기, 말 전하기, 수수께끼, 초성 맞추기 놀이 등 다양한 말놀이가 있지요. 말놀이는 어휘력 향상의 밑거름이 되고 지루한 일상에 활력을 줘요.

여러 가지 말놀이

여러 사람이 함께 즐길 수 있는 말놀이를 알아볼까요?

- **말 이어가기 놀이** 끝말잇기, 첫말잇기, 가운데말잇기 등
  - 예시 개미의 미를 맨 앞으로 보내면? '미장원' – 미장원의 원을 맨 앞으로 보내면? '○○○'……

- **말 덧붙이기 놀이**
  - 예시 시장에 가면 '사과'도 있고, '생선'도 있고, '○○'도 있고……

- **말 전하기 놀이** 모둠별로 귓속말이 얼마나 정확하고 빠르게 전달되나 시합하는 놀이

- **초성 맞추기 놀이** 단어나 문장의 첫 자음, 즉 초성만 가르쳐 주고 본래 글자를 맞추는 놀이
  - 예시 'ㅈㄱㅈ'은 뭘까? '자전거'

- **수수께끼** 동음이의어(소리는 같은데 뜻은 다른 낱말)나 일상 속 고정 관념을 비틀어 만든 엉뚱한 질문에 재치로 답하는 놀이.
  - 예시 떡은 떡인데 못 먹는 떡은? '그림의 떡!'

- **스무고개** 한 사람이 생각하는 사물이나 사람을 다른 사람이 질문 스무 개로 알아내는 놀이.

책을 실감나게 읽고 싶어요

친구들 모두가 집중할 수 있게 책을 실감나게 읽고 싶어요. 방법이 있을까요?

이야기책 읽어 주는 직업, 전기수

　조선 후기에는 글을 읽지 못하는 사람들에게 이야기책을 읽어 주는 직업이 있었답니다. 이들을 기이한 이야기를 전하는 사람이라는 뜻에서 '전기수(傳奇叟)'라고 불렀지요. 그들은 문자만 낭독하는 것이 아니라 목소리 연기를 통해 이야기의 분위기와 등장인물의 마음까지 실감나게 표현했어요. 이처럼 귀가 솔깃해지게 책을 낭독하는 비법을 알아볼까요? 먼저 이야기 속 인물의 마음을 잘 이해해야 해요.

등장인물의 마음 읽기부터

● 마음이 은근히 드러나요

등장인물에게 벌어진 사건이나 인물의 말과 행동을 살펴보면 마음 상태를 짐작할 수 있어요. 예를 들어 '영진이가 숙제를 안 해서 부모님께 꾸지람 들었다'라는 사건이 있을 경우, 이를 통해 영진이 마음이 좋지 않은 상태일 거라고 예상할 수 있어요. 또는 "민서는 영호의 얼굴을 보고 인상을 찌푸렸어요"라는 대목이 있다면, 민서가 영호 때문에 화가 났거나 기분이 나쁜 상태라는 것을 파악할 수 있지요.

● 마음이 직접 드러나요

인물의 마음이 문장에서 바로 드러나는 경우도 있어요. "선미는 기분이 너무 좋았어요"라는 문장처럼 글 속에 인물의 마음이 직접 표현되기도 하거든요.

이렇게 인물이 어떤 마음인지를 알고 나면 이야기를 실감나게 읽을 수 있어요.

목소리에 표정과 마음 담아내기

이야기를 실감나게 읽고 싶다면 내가 이야기 속 인물이라고 상상해 보세요. 이야기 속 인물은 과연 어떤 사람일까? 이 상황에서 어떻게 행동할까? 어떤 마음이 들까? 이런 상상을 충분히 한 다음 인물의 마음에 어울리는 목소리 크기·빠르기·높낮이·세기 등을 떠올려 봐요.

예시

기쁨·행복	밝고 경쾌한 목소리, 높고 큰 목소리, 빠르고 센 목소리
슬픔·우울	낮고 작은 목소리, 느리고 약한 목소리, 어두운 목소리
두려움	더듬고 떨리는 목소리, 크기와 세기가 고르지 않은 목소리
분노	꾹꾹 누르는 듯 낮지만 떨리는 목소리, 고함치는 센 목소리

인물의 모습과 행동에 어울리도록 글을 실감나게 읽으면 이야기의 내용을 깊이 있게 잘 이해할 수 있어요. 또한 글의 재미도 느낄 수 있답니다.

왜 주제를 찾아야 하지요?

좋아하는 이야기책을 읽고 그 속에서 주제를 찾아보는 게 오늘 숙제예요. 그런데 문득 궁금해졌어요. 왜 우리는 늘 주제를 찾아야 하는 걸까요? 어떻게 하면 주제를 잘 파악할 수 있을까요?

주제, 이야기를 짊어진 아틀라스

주제란 이야기에서 가장 중심이 되는 생각이며, 글쓴이가 이야기를 통해 전하려는 의도를 말해요. 「이솝 우화」에서 거짓말쟁이 양치기 소년을 통해 보여 주는 '정직하게 살자'라든지, 「흥부 놀부」 속에 드러나는 '착한 사람은 복을 받고 나쁜 사람은 벌을 받는다'

같은 생각이 바로 주제지요. 주제는 하늘을 무너지지 않게 떠받치고 있는 그리스의 신 아틀라스처럼 이야기를 지탱하고 있는 중요한 요소랍니다.

주제 찾는 방법

● 줄거리를 간추려요

주제를 찾기 위해서는 먼저 전체 이야기를 이해하고 있어야 한답니다. 이야기를 읽으며 줄거리를 간추려 보면 자연히 주제가 드러나는 경우가 있어요.

● 등장인물을 관찰해요

등장인물의 말이나 행동을 관찰하며 글쓴이가 무엇을 비판하고 무엇을 지지하는지를 생각해 봐요. 이야기 「가난한 청년과 천 년 묵은 지네」에 나오는 주인공 청년이 "내가 당신께 받은 은혜가 가득합니다. 그래서 죽기로 결심하고 밥을 먹었지요"라고 말하는 부분에서 '은혜는 은혜로 갚자'는 주제를 찾을 수 있는 것처럼요.

● 사건이 어떻게 해결되는지 살펴요

사건이 발생해서 해결되는 과정을 보면 그 속에 주제가 보이기도 한답니다. 그래서 주제는 이야기가 끝나 가는 결말 부분에서 구체적으로 드러나기도 해요.

글에서 중심 문장은 어떻게 찾나요?

중심 문장을 찾는 게 너무 어려워요. 이 문장을 고르면 저 문장이 서운해 할 것 같고 저 문장을 고르자니 옆 문장도 빠질 수 없는 중요한 문장 같고……. 어쩌면 좋지요?

중심 문장과 뒷받침 문장

중심 문장이란 문단(또는 글)을 대표하는 핵심 내용이 들어 있는 문장을 말해요. 하나의 문단에는 보통 한 개의 중심 내용이 들어 있어요.

그럼 나머지 문장들은 어떤 역할을 하냐고요? 중심 문장을 뺀 나머지 문장들은 예를 들거나 까닭을 들어 자세히 설명하며 중심 문장을 뒷받침한답니다.

그러니까 문단은 하나의 중심 문장과 여러 개의 뒷받침 문장으로 구성되는 것이겠지요? 따라서 중심 문장을 찾으면 문단에서 이야기하고자 하는 중심 내용을 쉽게 파악할 수 있답니다.

주제를 찾거나 줄거리를 요약하는 과정에서 중심 낱말과 중심 문장은 중요한 역할을 하지요. 자, 중심 문장이 주로 들어 있는 위치를 찾을 수 있는 결정적 힌트를 주도록 하지요.

중심 문장을 쉽게 찾을 수 있어요

- **문단 맨 처음에 있는 경우**

중심 문장이 문단 맨 처음에 있는 경우, 두괄식이라고 불러요. 시작부터 중요한 내용을 말하고 그 뒤 세부 예시를 들며 문단을 진행시켜 가지요.

- **문단 맨 마지막에 있는 경우**

중심 문장이 문단 맨 마지막에 있는 경우, 미괄식이라고 불러요. 글쓴이가 세부 내용부터 이야기한 뒤 마지막에 중심 생각을 말하지요. 그렇기 때문에 문단 뒷부분을 신경 쓰면 중심 문장을 쉽게 찾을 수 있어요.

● 문단 가운데에 있는 경우

방심은 금물! 드물게는 문단 가운데에 중심 문장이 들어 있는 경우도 있어요. 문단 시작 부분에서 중심 내용에 대한 여러 정보를 제공하고, 중간에 중심 문장을 쓰다가 마지막에 다시 세부 내용을 덧붙이는 경우도 있으니까요. 이를 중괄식이라고 해요.

중심 문장이 없는 글도 있어요

아무리 눈 씻고 찾아도 중심 문장이 안 보인다고요? 문단 앞부분에도, 뒷부분에도, 중간에도 없는 것 같다고요? 잠깐, 그래도 당황하지 마세요. 이럴 때는 중심 낱말을 먼저 파악해서 내가 직접 문장을 만들어 봐요.

이야기 속에는 꼭 한 가지 주제만 있나요?

저는 동화책을 읽으며 이런저런 생각에 잠기는 걸 참 좋아해요. 그런데 사람들이 주제는 무엇이냐고 물을 때면 당황스러워요. 여러 가지 생각이 드는데 꼭 한 가지만 말해야 할 것 같거든요.

나만의 관점으로 주제를 찾아봐요

이야기 주제는 겉으로 드러나 있기도 하지만, 숨어 있기도 해요. 하나의 이야기가 꼭 하나의 주제만 가지고 있는 것은 아니에요. 이야기 길이가 길어질수록 다양한 사건을 다룰 수 있기 때문에 주제가 여러 개 나올 수 있거든요. 예를 들면 장편동화나 연작동화가 그렇지요.

또한 사람에 따라 이야기에서 감동을 받은 부분이나 중요하게 생각하는 부분이 다를 수 있기 때문에 그렇지요.

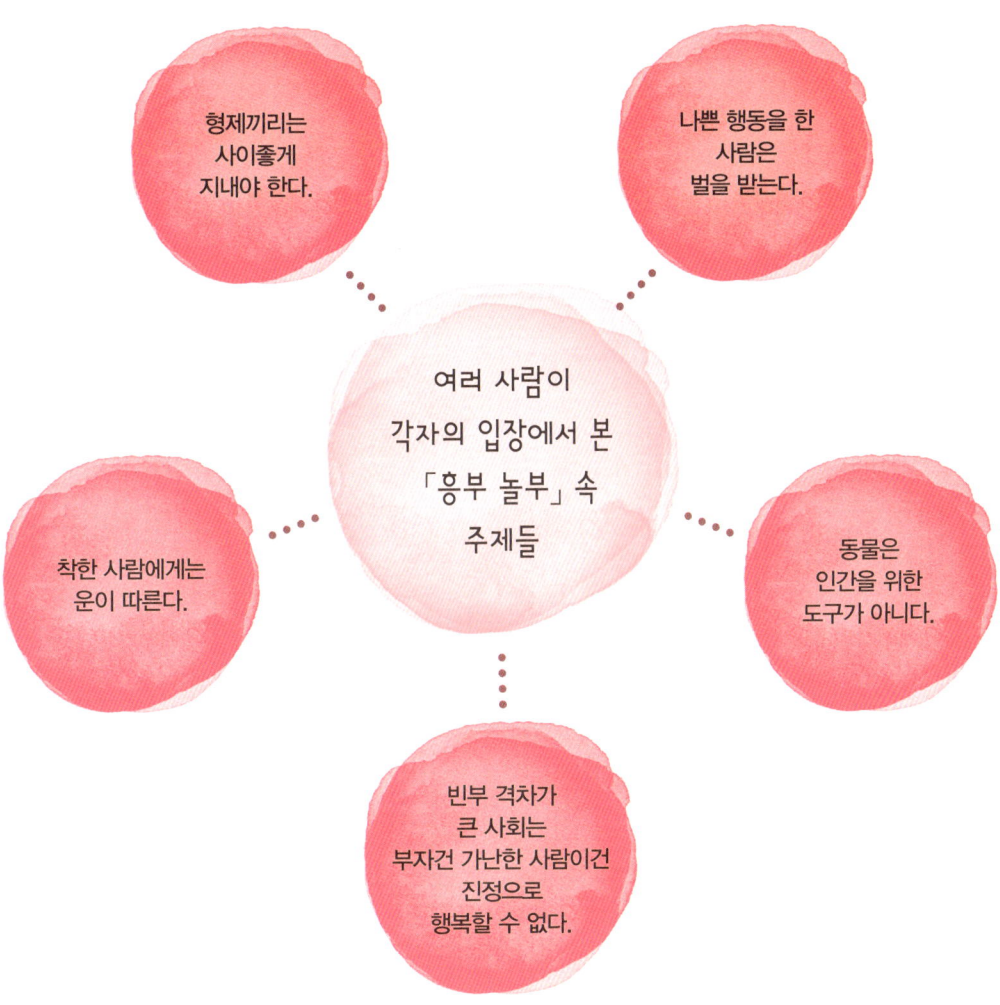

▲ 이야기와 전혀 상관없는 허무맹랑한 것을 들어 주제라고 우기는 것은 곤란하겠지만, 누구나 자신의 감상을 바탕으로 새롭게 주제를 찾을 수 있어요.

어떻게 하면 책 읽기가 좋아질까요?

배고픈 늑대가 무서운 표정으로 나타났지만 동물들은 느긋하게 책만 읽어요. 오히려 늑대더러 독서에 방해가 되니 저리 가 달라고 하지요. 마지막엔 결국 배고픈 늑대도 다른 동물들 곁에서 책을 읽어요. 그림책『난 무서운 늑대라구』의 이야기예요. 대체 책 읽기의 어떤 점이 이 동물들을 책에 빠져들게 만들었을까요?

빌 게이츠를 만든 도서관

세계 최고의 갑부 빌 게이츠는 어린 시절부터 책 읽기를 즐겼다고 해요. 어린 시절 가장 기억에 남는 것으로 고향에 있는 작은 도서관을 꼽을 정도로요. 그리고 이것이 바로 지금의 빌 게이츠를 있게 한 성공의 비결이기도 하대요. 수많은 명사(세상에 널리 알려진 사람)들이 책 읽기를 최고의 경험으로 꼽는 이유는 대체 뭘까요?

책이 주는 선물

- 독서는 책 속에 담긴 지식을 제공하고 새로운 정보를 얻을 수 있게 해요. 책을 통해 알게 된 새로운 내용은 나의 배경 지식이 되어 다른 활동을 더 순조롭게 해 주는 밑거름이 된답니다.
- 독서는 조리 있게 말하고 쓰는 언어 능력을 키워 줘요. 실제로 텔레비전을 많이 본 어린이보다 책을 많이 본 어린이의 언어 능력이 훨씬 우수하다는 연구 결과도 있어요.
- 독서는 사고력과 상상력을 길러 주기도 해요. 책을 비판적이고 논리적으로 읽는 과정에서 사고력이 길러지고, 뇌의 전두엽을 발달시켜 상상력이 풍부해지지요.
- 독서를 통해 얻은 깨달음과 지혜는 교양을 쌓고 인격을 수양시키기도 한답니다. 내가 책 속의 주인공이 되어 해 보는 여러 가지 간접 경험을 통해 사회성이 길러지기도 하고, 공감 능력이 자라기도 해요.

책이 좋아지는 독서법

꾸준히 읽는 습관을 들이는 것이 좋아요. 처음에는 일주일에 몇 권, 또는 하루에 몇 페이지씩 목표를 세우고 읽는 것도 좋지요.

책은 종류에 따라 특별히 관심을 두어야 할 부분이 조금씩 달라요. 위인전을 읽을 때는 위인의 일대기는 어떠하며 어떤 업적을 쌓았고, 또 본받을 점은 무엇인지 생각하며 읽으면 좋아요. 동화책을 읽을 때는 등장인물들 사이의 관계와 심경 변화에 좀 더 관심을 기울이며 읽으면 좋고요. 어떤 갈등이 있으며 어떻게 해소했는지, 또는 나라면 어떻게 해결할 것인지 뒷이야기를 상상하며 읽는 것도 재미있답니다. 시를 읽을 때는 시가 그려 내는 장면을 머릿속에 떠올리며 작가의 마음을 상상해 보세요. 과학책이나 사회책처럼 정보가 담긴 책을 읽는다면 새로 알게 된 사실을 메모해 가며 읽는 것도 바람직하지요.

책을 읽다 궁금증이 생겼을 경우에는 컴퓨터나 백과사전 또는 다른 관련 책들을 찾아봐요. 좀 더 깊이 있는 지식을 얻을 수 있거든요. 게다가 이렇게 알게 된 지식은 쉽게 잊히지 않는답니다.

한 가지 더! 책이라고 해서 무조건 100% 옳다는 생각은 금물이에요. 작가의 생각을 내 생각과 비교해 보거나 옳고 그름을 가려 가며 읽는 비판적인 태도가 필요하지요.

가려 읽기, 편식만큼 좋지 않아요

아무리 책 읽기가 좋은 것이라지만 자신이 좋아하는 종류의 책만 읽는 것은 좋지 않아요. 음식이 그렇듯 책도 편식하는 것은 좋지 않거든요. 특히 어린이들은 여러 종류의 책을 골고루 읽어 보는 것이 균형 있는 정신 발달을 위해 좋답니다.

우리나라 사람들의 독서량

한국출판연구소에 따르면 '1년간 한 권 이상 책을 읽은 적이 있다'고 대답한 사람의 비율은 스웨덴 87%, 네덜란드 84%, 영국 82%, 그리고 한국은 67%라고 해요.

또한 문화체육관광부가 지난 5년간 국내 독서 실태를 조사한 자료에 의하면 1년에 책을 한 권도 읽지 않은 사람의 비율은 성인 10명 중 3명이나 된다고 하네요. 게다가 우리나라 사람들의 평균 독서 시간은 스마트폰 이용 시간인 1.6시간보다 훨씬 적은 26분이라고 하니 안타까울 따름이에요. 여러분은 어떤가요?

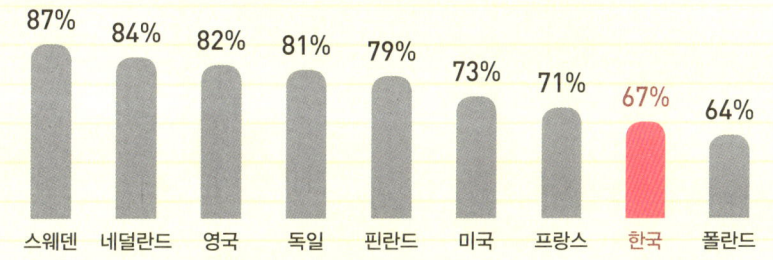

'1년간 1권 이상 책을 읽는다'고 대답한 사람 비율

스웨덴 87%, 네덜란드 84%, 영국 82%, 독일 81%, 핀란드 79%, 미국 73%, 프랑스 71%, 한국 67%, 폴란드 64%

※ 유럽은 2007년 15세 이상을 대상으로 한 문화지수 조사, 미국은 2007년 성인 대상 AP-Ipsos 공공 여론조사, 한국은 2010년 만 15세 이상 대상 독서 실태 조사.

참고 자료: 한국출판연구소

똑같은 책을 읽었는데, 친구가 아는 내용을 나는 왜 모를까요?

친구와 나는 숙제를 하기 위해 같은 책을 읽었어요. 어? 그런데 친구는 내가 모르는 내용까지 기억하고 있네요. 분명 똑같은 책을 읽었는데, 왜 친구는 알고 나는 모르는 걸까요?

읽기의 종류

글을 읽는 데도 여러 가지 방법이 있어요. 대강 훑어 읽기, 책이 뚫어져라 꼼꼼하게 읽기, 내가 읽고 싶은 부분만 쏙쏙 빼서 읽기……. 어떻게 읽느냐에 따라 얻을 수 있는 핵심 지식과 정보량이 달라지지요.

- **통독**

통독(通讀)은 글을 처음부터 끝까지 읽되 자세히 읽지 않고 가볍게 읽는 것을 말해요. 서점에 책을 사러 가서 어떤 책이 재미있을까 쭉 훑어보는 것이 바로 통독이에요.

- **발췌독**

내가 읽고 싶은 내용만 쏙쏙 뽑아서 읽는 발췌독(拔萃讀)도 있어요. 숙제를 하기 위해 백과사전에서 관련된 내용만 추려서 읽는 것이 여기에 해당된답니다.

- **정독**

정독(情讀)은 책의 내용을 놓칠세라 꼼꼼히 읽는 것을 말해요. 세세한 부분까지 챙겨 가며 깊이 생각하며 읽는답니다. 시험 공부를 할 때 밑줄을 그어 가며 교과서를 읽는 것도 정독이라고 볼 수 있지요.

이 외에도 빠르게 읽는 속독(速讀), 소리 내어 읽는 음독(音讀), 소리 없이 눈으로만 읽는 묵독(默讀) 등이 있어요.

위인들의 독서법

세종은 '백독백습'이라 하여 같은 책을 백 번 읽고 백 번 썼다고 해요. 같은 책을 되풀이해 읽으면서 책 속의 숨은 뜻을 깊이 이해할 수 있었던 것이지요.

귀양을 가서도 많은 책을 집필한 정약용은 꼼꼼히 읽는 습관이 있었대요. 글을 읽는 동안에는 한눈팔지 않고 최고의 집중력을 발휘했답니다.

이 두 분은 정독을 몸소 실천한 우리나라의 대표 위인이라고 할 수 있어요.

> 책을 수천 권 읽어도 그 뜻을 정확히 알지 못하면 읽지 않은 것과 같다. 읽다 모르는 문장이 나오면 관련된 다른 책을 뒤져 반드시 뜻을 짚고 넘어가야 한다. 또 그 뜻을 알게 되고 나면 여러 번 반복해 읽어 네 머릿속에서 떠나지 않게 하거라.
> _정약용이 아들 정학유에게 보낸 편지 중에서

서양의 경우는 어떨까요? 뛰어난 지도자로 손꼽히는 나폴레옹은 작은 키에 대한 콤플렉스를 독서로 극복했어요. 『플루타르크 영웅전』을 보며 세계 정복을 꿈꾸었으니까요. 그가 선택한 독서 방법도 정독이었어요. 꼼꼼히 읽는 정독과 메모하는 습관이 그를 프랑스의 영웅으로 만들어 주었답니다.

두 차례나 영국 수상을 지낸 처칠 역시 독서가로 유명해요. 사실 처칠은 학교 다닐 때 '만년 꼴찌'를 면치 못했대요. 그런 그에게 변화를 준 것은 아버지가 선물한 책 한 권이었답니다. 『보물섬』이라는 책을 읽으면서 처칠은 독서의 즐거움을 느끼게 됐다고 해요. 처칠은 이런 말을 남겼어요.

쓰다듬고, 쳐다보기라도 해라. 아무 페이지나 펼쳐 눈에 띄는 구절부터 읽기 시작해라.

_윈스턴 처칠

처칠은 발췌독을 권하고 있군요. 처음부터 끝까지 모든 글자를 읽어야 한다는 의무감에서 벗어나 몸과 마음이 이끄는 대로 책의 즐거움을 발견하라는 뜻일 테지요.

난독증

난독증이란, 듣거나 말하는 데는 지장이 없으나 문자를 읽는 데 어려움을 느끼는 것을 말해요. 글 읽는 속도가 친구들에 비해 많이 느리고 비슷한 단어들을 구별하거나 철자법을 쓸 때 어려움을 느낀다면 난독증을 의심해 봐야 한답니다.

난독증은 성적에도 영향을 끼쳐요. 우리나라에서는 학습 부진을 보이는 어린이들 중 약 20%가 난독증과 정서 불안을 겪고 있대요.

혹 내가 난독증이 아닐까 걱정되더라도 상심하지 마세요. 난독증을 겪으면서도 자신이 지닌 재능을 충분히 발휘한 인물들도 많답니다.

단 주변 어른들과 상담해서 전문 의료 기관에 문의를 해야 정확히 진단해 볼 수 있어요.

안중근 의사는 병을 고치는 의사가 아니라고요?

안중근 의사의 위인전을 읽었어요. 읽기 전에는 아픈 사람을 고쳐 주는 의사인 줄 알았는데 아니었어요. 책 읽는 중에 모르는 낱말을 만나면 어떻게 해결해야 할까요?

국어사전에는 친절한 뜻풀이가 나와요

모르는 낱말이 나오면 당황하지 마세요. 낱말의 앞뒤를 살펴보며 문맥을 추측해 보세요. 그래도 모르겠다면 국어사전을 사용해 보세요. 국어사전은 우리가 쓰는 낱말의 뜻을 설명하고 있어요. 또 그 낱말의 발음, 표준어, 한글맞춤법 등도 소개하고 있어요. 꼭 종이책 형태의 사전뿐 아니라 인터넷에서 제공하는 전자사전도 참고해 볼 수 있어요.

국어사전에서 낱말 찾기

국어사전에서 낱말을 찾으려면 어떻게 해야 할까요?

우선, 낱말을 이루고 있는 글자 순서를 잘 봐야 해요. 글자 순서대로 낱말이 실리거든요. '의사'의 첫 번째 글자는 '의', 두 번째 글자는 '사'예요. 사전을 찾을 때는 첫 자인 '의'로 시작하는 단어들이 모여 있는 곳부터 알아야 해요.

'의' 자로 시작하는 단어는 사전 어디쯤에 모여 있을까요? 이때 글자가 짜인 순서를 살펴요. 첫소리, 가운뎃소리, 끝소리를 따져 글자 '의'의 짜임을 살펴봐요.

첫소리

ㄱ ㄲ ㄴ ㄷ ㄸ ㄹ ㅁ ㅂ ㅃ ㅅ ㅆ ㅇ ㅈ ㅉ ㅊ ㅋ ㅌ ㅍ ㅎ

가운뎃소리

ㅏ ㅐ ㅑ ㅒ ㅓ ㅔ ㅕ ㅖ ㅗ ㅘ ㅙ ㅚ ㅛ ㅜ ㅝ ㅞ ㅟ ㅠ ㅡ ㅢ ㅣ

끝소리

( ) ㄱ ㄲ ㄳ ㄴ ㄵ ㄶ ㄷ ㄹ ㄺ ㄻ ㄼ ㄽ ㄾ
ㄿ ㅀ ㅁ ㅂ ㅄ ㅅ ㅆ ㅇ ㅈ ㅊ ㅋ ㅌ ㅍ ㅎ

▲ 사전을 잘 찾으려면 한글 자음·모음 순서를 잘 알고 있어야 해요. 글자의 짜임에서 첫소리와 끝소리는 자음, 가운뎃소리는 모음이에요. 끝소리 자음이 겹받침인 경우 역시 자음의 기본 순서를 따라 사전에 실려요.

첫소리 'ㅇ(이응)'은 'ㅆ(쌍시옷)'과 'ㅈ(지읒)' 사이에 있어요. 그럼 우리가 찾는 낱말은 'ㅆ'과 'ㅈ'으로 시작되는 낱말 사이에 있을 거예요. 첫소리만으로 위치를 대강 찾았어요. 그다음엔 가운뎃소리를 살펴봐요.

가운뎃소리인 모음 'ㅢ(의)'는 'ㅡ(으)'와 'ㅣ(이)' 사이에 있어요. 이 순서에 따라 사전 속 '으'와 '이' 사이에서 '의'를 찾아요.

이어서 같은 방법으로 두 번째 글자인 '사'를 찾아요. 자음과 모음의 순서를 잘 익혀 조금만 연습하면 누구나 사전을 찾을 수 있겠지요.

그런데 찾고 보니 같은 글자를 쓰는 뜻이 다른 낱말이 많아요. 이럴 땐 어떡할까요? 문장을 읽고 문맥에 어울리는 뜻이 무엇인지 판단해야겠지요. 예컨대 의사는 의사(衣笥, 옷을 넣어 두는 상자), 의사(意思, 무엇을 하고자 하는 생각), 의사(義士, 의로운 지사)를 포함해 총 14개 단어가 국어사전에 등록돼 있어요. 이 중에서 독립운동가 안중근 선생에게 해당하는 것은 '의사(義士)'겠지요.

단어의 기본형을 찾아요

국어사전은 모양이 바뀌는 모든 품사(기능이나 형태에 따라 분류되는 낱말의 갈래, 명사·동사·형용사·부사 등이 있어요)를 다 실을 수 없어요. 모양이 다르다 하더라도 기본적으로 전하는 뜻은 같기 때문에 기본형만 실어요. 기본형은 낱말에서 변하지 않는 부분에 '-다'를 붙여서 만들어요. 예를 들어 '훑으면, 훑고, 훑어서, 훑으니……' 등의 기본형은 '훑다'이지요.

어휘력도 노력하면 늘릴 수 있을까요?

친구들과 대화를 나눌 때, 나만 모르는 단어가 있으면 너무 속상해요. 책을 재밌게 읽다가도 잘 모르는 말이 나오면 갑자기 읽기 싫어지고요. 어떻게 해야 좋을까요?

낱말과 어휘는 달라요

낱말은 단어와 같은 개념이에요. 낱말은 자립성을 가진 가장 작은 말의 단위예요. 어휘는 낱말과 달라요. 어휘는 일정한 범위 안에서 쓰이는 낱말(단어) 전체를 말해요. 그래서 '어휘력'이라는 말은 사용하지만 '단어력'이나 '낱말력'이라는 말은 사용하지 않아요.

어휘력 늘리기

● 모르는 낱말 관심 갖기

예를 들어 삼촌은 '전기용품 도매상의 점원입니다'에서 '도매'라는 낱말 뜻을 모른다면 여러분은 어떻게 하나요? 모르는 낱말이 나왔을 때는 무시하지 말고 이 뜻이 무엇일까 하는 의문을 품어 보세요. 그 후에는 국어사전을 찾아볼 수도 있고, 선생님이나 부모님께 여쭤 볼 수도 있겠죠.

● 문장에서 의미 짐작해 보기

세상의 모든 낱말을 다 알고 있는 사람은 없어요. 낱말도 늘 새롭게 태어나니까요. 때로는 사전에도 나와 있지 않은 말을 만나게 되지요. 그러면 찾아볼 사전도 없고 물어볼 사람도 마땅히 없는 상황에서 낯선 낱말을 만났을 경우엔 어떻게 하면 좋을까요? 이럴 땐 문장에서 모르는 낱말을 제외한 나머지 부분을 살피면 어느 정도 그 의미를 이해할 수도 있어요.

● 막 배운 낱말 내 것으로 만들기

새로운 낱말을 알았다면 그 낱말을 이용해 짧은 문장을 만들어 보세요. 예를 들어 '도매'라는 단어를 막 알게 된 경우 '우리는 휴지를 도매 가격으로 싸게 샀다'처럼 짧은 글짓기를 해 보세요. 문장을 만들어 보면서 내가 낱말 뜻을 정확하게 알고 있는지 판단할 수 있을 거예요.

말잇기 놀이

말잇기 놀이는 우리 어휘력 향상에 아주 도움이 돼요. 내가 낱말을 잘 모르고서는 이 놀이에서 상대방을 이길 수 없으니까요. 익숙한 끝말잇기뿐 아니라 응용해서 첫말잇기, 가운데말잇기 등도 할 수 있어요. 재미도 있고, 어휘력도 늘리고! 일석이조 아닌가요?

[예시] 끝말잇기: 장소–(소개)–(　　)–(　　)–(　　)…….
[예시] 첫말잇기: 학교–(학생)–(　　)–(　　)–(　　)…….
[예시] 가운데말잇기: 장난감–(난쟁이)–(　　)–(　　)–(　　)…….

국어사전에도 없는 정보는 어딨을까요?

교실에서 키우는 나팔꽃이 활짝 피었어요. 나팔꽃 줄기가 라면처럼 꼬불꼬불하네요. 국어사전에서 나팔꽃을 찾아보니 메꽃과의 한해살이풀로 줄기가 2~3미터이고 덩굴져 감아 올라간다고 짧게 설명돼 있어요. 나팔꽃에 대해서 더 알고 싶은데, 어떻게 하면 좋을까요?

사전의 종류도 가지가지

모르는 것이 있을 때는 인터넷으로 알아보거나 선생님이나 부모님께 여쭤 볼 수도 있어요. 그런데 이렇게 간편하게 얻은 정보는 때로는 부정확한 내용일 수 있어요. 정확한 정보는 어디에 있을까요? 바로 사전이에요.

사전을 활용하면 믿을 만한 정보를 찾을 수 있지요. 사전은 종류가 참 다양한데 어떤 내용을 담았느냐에 따라 제목이 달라요.

- 언어사전은 말 그대로 낱말이나 어구의 뜻, 문법 등을 설명해요. 국어사전, 영어사전, 방언사전, 우리말 유래 사전, 유의어·반의어 사전, 속담사전 등이 있어요.
- 백과사전은 인류가 지금까지 쌓아 온 모든 지식을 간단하면서도 체계적으로 설명해요.
- 이 밖에도 역사사전, 인명사전, 민속사전, 곤충사전, 꽃말사전 등 제목이 가리키는 분야의 전문 지식을 총망라한 사전들이 있어요.
- 또 동물도감, 식물도감, 민속도감 등 그림이나 사진을 모아 펴낸 책도 있어요. 이런 책을 도감이라고 하는데 글보다는 그림·사진 같은 시각 자료로 대상을 설명하는 점이 일반 사전과는 다른 점이지요. 하지만 크게 보면 이 또한 사전으로 분류할 수 있어요.
- 사전은 내용이 아니라 형태에 따라서 종이로 만든 책사전(종이사전)과 전자사전으로 나뉘기도 해요.

이럴 때 이런 사전

글을 읽다가 모르는 낱말이 나올 경우, 국어사전을 찾아요. 그런데 찾았다 하더라도 이해가 잘 되지 않거나 더 자세히 알고 싶을 때가 있어요. 그럴 경우 여러 가지 사전이 필요한데, 동물의 생김새나 먹이, 사는 곳 등을 알고 싶으면 백과사전이나 동물사전, 동물도감을 찾아봐요. 또 '짚신도 짝이 있다' 등 속담을 알고 싶을 때는 속담사전을 찾지요. 장영실이라는 사람의 일생, 한 일 등을 알고 싶으면 인물사전, 역사사전 등을 찾으면 돼요.

백과사전에서 원하는 정보 찾기

원하는 내용을 찾으려면 우선, 사전의 종류부터 결정해요. 여러 권으로 된 백과사전의 경우, 주제나 분야에 따라 알맞은 권을 선택해야겠지요. 그러고 나서 본격적으로 필요한 내용이 담긴 쪽을 찾아봐요.

어떻게 하면 될까요? 차례 또는 색인을 활용해요. 색인이란 책 속 낱말이 삽입된 쪽수를 정리한 낱말 목록이에요. 이제 차례나 색인을 보고 핵심 낱말이나 필요한 내용이 들어 있는 부분을 찾아 읽으면 돼요.

만약 백과사전을 읽다가 모르는 단어가 나오면 국어사전에서 찾아 읽으면 이해하기가 쉽겠지요.

원하는 책을 도서관에서 직접 찾고 싶어요

도서관에 가면 읽고 싶은 책이 많아 신이 나는데, 어디 있는지를 몰라 한참 헤매요. 매번 사서 선생님한테 도움을 청할 수도 없고……. 보고 싶은 책을 직접 쉽게 찾을 수 있는 방법이 없을까요?

십진분류법

도서관은 수많은 책을 가지고 있기 때문에 일정한 규칙에 따라 자료를 정리해요. 우리나라 도서관에서는 한국십진분류법(KDC)을 기준으로 책을 정리하고 있어요. 한국십진분류법은 아래처럼 10가지 주제로 책을 분류해요.

주제	색띠	이런 책이 속해 있어요
000(총류)	자주색	백과사전, 총서, 논문, 신문 등
100(철학)	황갈색	철학, 심리, 윤리, 논리 등
200(종교)	개나리색	신화, 기독교, 불교, 이슬람교 등
300(사회과학)	선홍색	사회, 경제, 정치, 법 등
400(순수과학)	녹색	수학, 화학, 천문, 동식물 등
500(기술과학)	남색	의술, 농업, 건축, 요리 등
600(예술)	보라색	미술, 음악, 사진, 연극 등
700(언어)	파란색	한국어, 일본어, 영어, 프랑스어 등
800(문학)	노란색	동화, 시, 수필, 희곡 등
900(역사)	진갈색	역사, 전기, 여행, 지리 등

청구기호 읽기

서가에는 주제별로 구분된 책들이 청구기호 순서대로 꽂혀 있어요. 이 청구기호를 볼 줄 안다면 원하는 책을 쉽게 찾을 수 있겠죠?

우선 도서관 컴퓨터로 읽고 싶은 책을 검색해서 청구기호를 알아내세요. 이 청구기호를 따라 책장에 가서 책등 아래쪽에 같은 기호로 표기된 책을 찾으면 돼요.

예시

청구기호는 모르고 보면 암호 같지만 알고 보면 책을 분류하는 정보가 빼곡히 들어 있어요. 한번 위 청구기호를 해석해 볼까요?

아동	이 책이 아동 도서라는 점을 말해 줘요.
400.9	한국십진분류표에 따라 매겨진 번호예요. '순수과학' 분야를 다룬 책이란 걸 말해 줘요. 이 기호를 '분류기호'라고 불러요.
김372	책을 쓴 저자를 나타내요. 저자 이름이 '김' 자로 시작한다는 걸 알 수 있어요. 이 기호는 '저자기호'라고 불러요.
v.1	이 책은 시리즈 도서로, 그 시리즈 1번에 해당된다는 의미예요.
c.2	서가에 같은 책이 여러 권 있을 때 책 한 권 한 권에 붙이는 번호예요.

책은 아래 규칙에 따라 왼쪽에서 오른쪽으로 꽂혀요.

① **분류기호가 커지는 순서**
　　예시 713.72 → 713.8 → 713.81

② **저자기호가 커지는 순서**
　　예시 구345 → 김831 → 김845

이처럼 숫자를 읽을 수 있고 가나다순만 정확히 알고 있다면 어떤 책이든 찾을 수 있어요.

이것만은 지켜요!

여럿이 이용하는 도서관, 우리가 함께 지켜야 할 약속이 있어요. 함께 이용하는 장소에서 남에게 피해를 주는 행동을 해서는 안 되겠죠?

- 책에 낙서하지 않아요. 책의 일부를 찢거나 그림을 오려 내지 않아요.
- 시끌벅적하게 돌아다니거나 떠들지 않아요.
- 함께 사용하는 장소이니 소리 내어 읽지 않아요.
- 여러 권을 비교하며 읽어야 하는 특별한 경우가 아니라면, 한 번에 한 권씩 찾아 읽어요. 나 혼자 욕심을 부려 많은 책을 한꺼번에 꺼내면 다른 사람이 책 찾을 기회를 놓쳐 버려요.
- 다 읽은 책은 반드시 지정된 장소에 가져다 놓아요.

왜 다른 사람이 쓴 독서 감상문까지 읽을까요?

친구가 쓴 독서 감상문을 읽어 오는 게 오늘의 숙제예요. 그런데 선생님께서 왜 이런 숙제를 내 주셨는지 이해가 안 되네요. 책만 잘 읽으면 되지 굳이 다른 사람이 쓴 독서 감상문까지 읽어야 할까요?

독서 감상문이란

독서 감상문이란 책을 읽고 난 후에 느낀 점이나 생각한 점, 깨달은 점 등을 적은 글이에요. 책의 내용을 기록하고, 책에서 얻은 느낌이나 생각도 기록하지요.

첫 부분에는 주로 책을 읽게 된 동기가 등장해요. 그런 후에 책 내용이 소개되고 감상자가 책을 읽으며 인상 깊게 느낀 점이나 생각한 점이 덧붙여지지요. 그렇기 때문에 독자는 독서 감상문을 통해 대강의 책 내용을 파악할 수 있어요.

내용과 감상

책에 나온 내용을 간추려 쓰거나 그대로 옮긴다면 그게 바로 내용이에요. 주로 설명하거나 요약하는 문장으로 끝나지요.

책에 대해 인상적인 점, 궁금한 점, 느낀 점, 생각한 점을 썼다면 그 부분은 바로 글쓴이의 감상이랍니다. 주로 '……라고 생각한다' '……라고 느꼈다' 등으로 끝나는 문장이 많지요. 문장을 잘 살피면 책의 내용과 글쓴이의 생각을 구분할 수 있어요.

감상을 나누며 폭넓게 생각해요

같은 책을 읽더라도 어떤 사건이나 인물에 대해 내가 생각하는 것과 친구가 생각하는 것이 조금씩 다르다는 사실 알고 있지요? 자라 온 환경과 겪어 온 일들이 다르기 때문이지요. 서로 다른 생각을 갖고 책을 읽기 때문에 달라지는 감상을 통해, 우리는 책을 보다 폭넓게 생각할 수 있게 돼요. 즉, 독서 감상문을 읽으면 한 권의 책을 여러 가지 시각에서 바라볼 수 있게 된답니다.

이제 친구가 쓴 독서 감상문을 읽어야 하는 이유를 알겠지요?

독서 감상문과 서평은 다른가요?

책을 읽고 난 후, 자기 생각을 정리한 글 중 어떤 글은 '독서 감상문'이라고 하고 어떤 글은 '서평'이라고 부르잖아요. 둘 사이에 어떤 차이가 있나요?

글 쓰는 목적이 달라요

책을 읽고 나면 누구나 나름의 감상을 말할 수 있지요. 어떤 장면에서는 가슴이 뭉클하고, 어떤 장면에서는 안타깝고, 어떤 장면에서는 주인공의 용기와 지혜를 본받겠다 다짐하는 등 나름대로 생각과 느낌이 있기 마련이에요. 바로 이런 개인적인 감상을 정리할 때 쓰는 글이 독서 감상문이에요. 개인적인 글이라고 할 수 있지요.

서평은 책에 대해 평가를 내리는 글이에요. 서평은 책에 대한 정보를 담고 있을 뿐 아니라 그 책의 가치까지도 판단해요. 때문에 서평을 쓰는 사람은 그러한 평가를 내리게 된 객관적이고 논리적인 이유를 글 속에서 밝힐 수 있어야 하지요.

서평이 말해 주는 것들

서평을 읽으면 이런 것을 알 수 있어요.

책을 소개하는 부분에서는 주로 저자, 줄거리, 구성 방식, 표지, 삽화에 대한 정보를 얻을 수 있지요. 책을 평가하는 부분을 읽으면 책 속에서 다루는 주제가 분명한지, 어떤 점에서 매력적인지, 왜 그렇게 생각하는지 알 수 있어요.

책을 고를 때 서평을 읽으면 내게 필요한 책인지 아닌지 판단하는 데 큰 도움이 되겠지요.

서평 여러 편을 참고해야 하는 이유

서평을 쓰는 사람에 따라 책에 대한 평가는 달라져요. 사람마다 가치관과 기준이 다르기 때문이에요. 또 서평을 쓰는 구체적인 목적에 따라 내용이 달라지기도 해요. 때로는 책을 광고할 목적으로 책의 가치를 부풀려 쓰는 경우도 있어요. 또 개인적 감상만 앞세워 객관적인 논리와 근거가 부족한 글도 있어요. 따라서 책을 사려고 할 때는 서평을 여러 편 두루 읽어 보는 것이 좋겠죠?

설명문, 꼭 읽어야 할까요?

선물 받은 장난감 비행기를 들뜬 마음으로 조립하기 시작했어요. 설명문 같은 건 필요 없다는 자신감이 있었는데 이런, 모양이 점점 이상해져요. 그러더니 아이쿠! 비행기 날개가 거꾸로 붙어 버렸어요.

우리 주변에는 설명문이 가득해요

설명문은 어떤 물건이나 사실, 또는 현상에 대해 누구든지 쉽게 이해할 수 있도록 알기 쉽게 풀어서 쓴 글이에요. 이해를 돕기 위해 도표나 사진 등을 함께 넣기도 하지요.

설명문은 어디에서 찾아볼 수 있을까요? 장난감을 조립하는 방법이 적힌 상품 설명서, 엄마가 보시는 요리책, 경복궁 입구에 세워져 있는 표지판……. 와, 이렇게나 많네요.

간단해 보이는 설명문이라도 꼼꼼하게 읽어 봐야 해요. 두루뭉술하게 읽고 넘어가다 보면 어느새 장난감이 엉뚱하게 조립될 수도 있고 음식 맛이 이상해질 수도 있으니까요.

설명문 제대로 읽기

설명문의 구조를 파악해 볼까요? 설명문은 대개 세 부분(처음-가운데-끝)으로 나뉘어요. 대상을 소개하거나 글 쓰는 동기를 밝히는 처음 부분, 본격적으로 설명을 풀어내는 가운데 부분, 그리고 가운데 부분에서 설명한 내용을 정리하고 마무리하는 끝 부분으로요. 이 구조를 알고 글을 읽기 시작하면 조금 수월하답니다.

특히 중요한 내용이 많이 들어 있는 가운데 부분에서는 각 단락별로 중요한 단어나 문장을 뽑아 보는 것이 좋아요. 다 읽고 난 뒤 단락별로 찾은 단어나 문장을 나열해 보면 글의 전체적인 흐름을 이해하기 쉽거든요.

이 밖에 설명하는 글을 읽다가 새롭게 알게 된 부분이나 내게 필요한 정보가 나오면 밑줄을 그어 보는 것도 좋아요. 밑줄 긋기는 알게 된 것을 놓치지 않는 좋은 방법이니까요.

설명문이 너무 길고 복잡할 때는 도대체 뭘 읽은 것인지 도통 이해가 되지 않지요. 그럴 때는 글이 본래 설명하려는 것이 무엇인지 한번 살펴보세요. 그런 후에 다시 한 번 읽어 봐요.

우리 동네 이야기는 왜 텔레비전에 나오지 않는 걸까요?

간밤에 소방차 소리에 잠이 깼어요. 이웃집에 불이 난 거였어요. 다행히 다친 사람은 없고, 불도 금방 꺼졌어요. 그런데 오늘 아침, 아무리 눈 씻고 봐도 텔레비전 뉴스에 그 이야기는 나오지 않더라고요. 우리 동네 이야기는 왜 뉴스에 나오지 않는 걸까요?

사건을 보도하는 기준

뉴스거리를 선정하는 데는 다섯 가지 큰 기준이 있어요.

① **시의성** 얼마나 빠르게 전달해야 하는 정보나 사건인가?
② **예외성** 날마다 반복되지 않는 특별한 정보나 사건인가?
③ **근접성** 듣거나 보는 사람에게 지리적으로나 심리적으로 가까운 정보나 사건인가?
④ **영향성** 사회에 큰 영향을 끼칠 수 있는 정보나 사건인가?
⑤ **저명성** 지명도가 높은 사람이나 단체에 관한 정보나 사건인가?

우리 동네에 작은 불이 난 것은 특별한 사건이 아니에요.(예외성) 사회적으로 큰 영향을 미치는 것도 아니지요.(영향성) 유명한 사람이 관련된 정보도 아니지요.(저명성) 이런 이유로 이웃집에서 작은 불이 난 사건은 텔레비전에 나오지 않는 거예요.

뉴스는 어떻게 짜이나요

텔레비전 뉴스는 보통 '진행자의 소개', '기자의 보도', '기자의 마무리말'로 구성돼 있어요.

'진행자의 소개'는 기자의 보도 내용을 요약적으로 제시하지요.

'기자의 보도'는 앞서 진행자가 간단히 소개한 사건이나 정보를 자세히 다뤄요. 기자가 취재한 시민 인터뷰, 통계 자료, 시각 자료, 전문가 인터뷰처럼 다양한 자료를 통해 정보는 보다 생생하게 전달되지요.

그리고 기자가 보도 끝에 간단하게 자신의 의견을 말하는 부분이 '기자의 마무리말'이랍니다. 문제에 대한 해결책을 제시하거나 사회적인 시사점을 언급하기도 하지요.

예시 뉴스 「대양 품에 돌아간 제돌이와 춘삼이」 중에서

● **진행자의 소개**

고향 바다로 돌아가기 위해 마무리 훈련을 무사히 받았던 돌고래 제돌이와 춘삼이가 오늘 18일 드디어 자유의 몸이 됐습니다. 제주 최○○ 기자가 보도합니다.

● **기자의 보도**

제돌이와 춘삼이, 4년 만에 고향 바다로 나갈 마음에 어느 때보다 신이 난 모습입니다.
아쉬워하는 사람들과 인사를 나누려는 듯 얼굴을 내보입니다.
오늘 오후 제돌이와 춘삼이가 완전한 자유의 몸이 돼 제주 바다로 돌아갔습니다.
불법 포획돼 동물원에 갇혀 있던 돌고래를 다시 야생으로 풀어 준 건 아시아 지역에선 처음입니다.

● **전문가 인터뷰**

인간이 동물을 이용하는 존재로만 바라보는 것이 아니라 동물과 인간이 같이 살아간다는 의미를 재정립하는 기회가 돼서…….

_ 동물자유연대 대표 조○○

● **시각 자료**

(자료 화면으로 그물 밖으로 빠져 나오는 제돌이와 춘삼이의 모습이 비춰진다.)

● **기자의 마무리말**

오랜 논란 끝에 실현된 제돌이와 춘삼이의 방류, 성공적인 결과를 기대해 봅니다.

자료 출처: JTBC TV

텔레비전 뉴스는 어떻게 만들어질까?

보도국 사람들은 12시간 내내 뉴스를 준비해요. 우선 취재할 내용을 점검하고 사전에 정보를 조사하는 과정을 거쳐 편집회의를 하지요. 어떤 것이 뉴스거리로 좋을지 회의를 통해 결정하는 거예요. 그런 후에 기자와 녹음 담당, 카메라맨이 함께 취재에 나서요. 취재를 마치면 원고를 만들고, 미술팀에서는 뉴스 취재 화면에 들어갈 화면을 컴퓨터 그래픽으로 꾸민답니다. 제일 중요한 핵심 내용만 담아서 화면을 편집하면 방송 준비 완료!

왜 뉴스마다 하는 말이 다른가요?

자전거가 건강에 유익하다는 뉴스를 듣고 내일부터 자전거로 통학하려고 마음먹었어요. 그런데 다른 뉴스를 보니 자전거 통학은 사고 위험이 높다고 보도하네요. 자전거를 타야 할지 말아야 할지, 종잡을 수가 없어요. 상반되는 정보를 어떻게 받아들여야 할까요?

뉴스에는 만드는 사람의 관점이 녹아 있어요

뉴스는 최근에 일어난 사건이나 정보를 라디오나 텔레비전, 인터넷 같은 대중 매체를 통해 일반 사람들에게 알리지요. 물론 하루에도 수십 수백 건씩 쏟아져 나오는 사건들을 다 소개할 수는 없어요.

그래서 뉴스를 만드는 사람들은 보도할 가치가 있는 중요한 내용을 골라 뉴스를 만든답니다. 그들의 선택에 따라 중요한 내용이 선별되고 기사화되는 것이지요. 뉴스 제작자들의 관점에 따라 선택된 사건이, 또 같은 사건이라도 강조된 부분이, 그리고 사건에 대한 해석이 달라진답니다.

관점이 다르면 내용도 달라요

초콜릿에 관한 기사를 살펴볼까요? '초콜릿은 기분을 좋게 만든다'는 기사와 '초콜릿은 이를 상하게 한다'라는 기사가 있다고 해 보지요. 첫 번째 기사는 초콜릿의 장점을 부각시켰어요. 초콜릿 회사나 초콜릿을 좋아하는 사람들이 보면 기뻐하겠죠? 반면 뒤의 기사는 초콜릿의 단점을 강조했어요. 치과 의사나 치통을 앓고 있는 사람들이 관심을 가질 만한 기사지요.

이렇게 뉴스 제작자가 어떤 관점에 서느냐에 따라 기사 내용이 달라질 수 있답니다. 기사를 본 사람들의 반응도 달라지겠지요? 따라서 뉴스를 만들 때 특정한 사람의 이익을 위해 일부러 사실을 꾸미거나, 어느 한쪽의 의견만 감싸는 것은 옳지 않아요.

뉴스 속 관점 읽기

뉴스 제작자들이 제대로 된 관점을 가지고 뉴스를 만드는 것도 중요하지만, 뉴스를 듣거나 보는 사람들이 내용을 잘 이해하는 것도 중요해요. 초콜릿의 장점만 강조하는 기사를 읽고 초콜릿을 마구 먹다 보면 비만이 되거나 충치로 고생할 수도 있으니까요.

따라서 뉴스의 관점을 파악한 후 비슷한 사건을 다른 측면에서 다룬 다양한 기사들을 읽고 종합적으로 판단하는 것이 좋아요.

그럼 이제 뉴스의 관점을 읽어 볼까요?

● 제목을 잘 살펴봐요

제목에는 뉴스에서 강조하고자 하는 내용이 드러난 경우가 많거든요.

● 내용을 꼼꼼히 살펴요

어떤 느낌을 주는 표현을 주로 사용하고 있는지를 파악해 봐요. 뉴스에 사용한 단어가 긍정적인지 부정적인지 말이에요.

● 인용된 자료의 출처를 살펴요

어떤 사람이나 기관의 인터뷰를 담고 있는지를 보세요. 기사에서 전하고자 하는 내용이 뭔가에 따라 인터뷰 대상도 달라질 수 있으니까요.

이렇게 뉴스를 비판적으로 보면, 뉴스의 관점을 잘 파악할 수 있어요.

여론을 만드는 뉴스

뉴스는 우리에게 새로운 정보를 알려 주기도 하지만 기존에 알고 있던 사실에 대해 긍정적이거나 비판적인 생각을 하게 만들어요. 즉, 사회 현상을 긍정하거나 비판하는 눈을 만들어 주지요. 이를 바탕으로 새로운 여론(수많은 사람들의 공통된 의견)을 형성해요.

예를 들어, 수입 장난감에서 발암 물질이 많이 나온다는 뉴스는 어떤 역할을 할까요? 물론 '수입 장난감은 발암 물질이 들어 있어서 정말 위험해'라는 정보를 전달하는 기능을 하지요.

그런데 그뿐이 아니에요. '돈을 위해 어린이들의 안전까지 위협하는 장난감을 파는 사회'를 비판하는 기능, '안전한 장난감을 수입하자' 혹은 '안전한 국산 장난감을 만들자'는 여론을 형성하는 기능도 하게 되지요. 이렇게 뉴스는 새로운 여론을 만드는 역할을 해요.

뉴스가 지나치게 긍정적이거나 비판적인 의견을 제시한다면, 왜곡된 여론을 만들 수 있어요. 그렇기 때문에 뉴스를 제작하는 사람은 편견을 갖지 말고 사건을 객관적으로 이해하도록 해야 해요.

광고가 마음을 움직인다고요?

텔레비전 채널을 돌리다가 문득 휴대폰 광고를 보면 갖고 싶어져요. 따끈따끈한 피자 한 조각을 맛있게 먹는 광고를 보면 군침이 돌고요. 광고를 보면 이것저것 사고 싶고, 먹고 싶고, 하고 싶은 것이 잔뜩 생겨요. 저만 그럴까요?

마음을 바꾸고 행동을 변화시켜요

'광고(廣告)'라는 말은 '널리 알린다'는 뜻을 지니고 있어요. 광고는 어떤 상품이나 정보를 널리 알려 사람들의 관심을 끌지요. 그리고 사람들 생각에 영향을 줘서 행동을 변화시키기도 한답니다.

광고는 크게 상품광고, 기업광고, 공익광고로 나뉘어요. 상품광고는 소비자에게 상품을 구매하게 할 목적으로 만들어요. 기업광고는 사람들이 어떤 기업에 대해 좋은 인상을 갖게 할 목적으로 만들어요. 공익광고는 '물을 아껴 쓰자', '장애에 대한 편견을 버리자'처럼 사회 전체의 이익이나 보다 많은 사람의 권리를 향상시키기 위해 만들어요.

논설문이 글 읽는 사람의 생각이나 행동을 변화시키는 것처럼, 광고도 소비자를 설득해요.

마음을 움직이기 위한 장치들

광고는 텔레비전, 라디오, 신문, 잡지, 지하철 등 여러 매체를 통해 마구 쏟아지고 있어요. 광고를 잘 살펴보면 사람들의 마음을 움직이기 위한 여러 기법을 사용하는 것을 알 수 있지요. 눈과 귀, 마음을 자극하는 요소가 한데 어우러질 때 광고 효과가 한층 더 높아지거든요.

● 광고 카피

광고는 짧은 시간 안에 관심을 끌어야 하기 때문에 알리는 내용이나 대상이 오래 기억에 남도록 짧고 특징적인 문장을 사용하지요. 화장품 광고에 쓰인 "깨끗하게, 맑게, 자신 있게"라는 문구라든가, 우동 광고의 "국물이 끝내줘요" 같은 문구가 대표적이에요.

● 시각 요소

글씨체나 글씨 크기 또는 화면 색 등을 변화시켜 깊은 인상을 남기기도 하지요. 귀여운 동물이나, 아름다운 스타, 멋진 풍경, 재미난 춤이 등장하기도 하고요. 화려한 시각 요소는 자연스레 사람들의 시선을 빼앗고 기억 속에 자리잡지요.

● **청각 요소**

노래나 음악도 큰 역할을 해요. 광고에서 빼놓을 수 없는 중요한 역할을 담당하는 것이 바로 청각 요소지요. "판타스틱 판타스틱"이나 "간 때문이야 간 때문이야" 하는 노래, 생각나나요? 아마 누구나 한번쯤 자신도 모르게 광고음악이나 노래를 흥얼거린 경험이 있을 거예요.

이렇게 광고는 다양한 장치를 사용해 우리의 시선을 광고에 붙잡아 둬요.

광고를 볼 때 주의할 점

하지만 이렇게 재미있고 인상적인 광고에 푹 빠질 때 주의해야 할 점이 있어요. 광고의 정보가 진실인지, 혹은 나에게 필요한 것인지 생각하지 못할 수 있거든요. 눈에 보이는 화려한 영상과 귀를 자극하는 신나는 음악에 많은 관심이 쏠리기 때문이에요.

그렇기 때문에 광고를 볼 때는 '설득당하고 있다는 것'을 염두에 두고 나에게 정말로 쓸모있는 정보인지 아닌지를 꼭 잘 따져 보도록 해야 한답니다.

광고 속 물건은 왜 실제와 다른가요?

제 친구 현아는 텔레비전 광고를 보고 운동화를 샀다가 생각만큼 잘 어울리지 않아서 크게 실망했대요. 저도 광고를 보고 장난감을 샀다가 후회한 일이 있어요. 왜 광고 속 물건은 실제 기대하는 것과 다른 걸까요?

광고 의도를 파악해요

광고 의도란, 광고를 만든 사람이 전하고자 하는 생각을 말해요. 광고 의도를 파악하기 위해서는 광고에 나타난 글, 그림, 사진, 소리가 무엇을 말하고 있는지 생각해 봐야 해요. 또한 광고를 만든 곳이 어디인지 알아보고 그곳에서 하는 일을 생각해 보면, 그 의도를 파악할 수 있어요. 예를 들어, 광고를 만든 곳이 일반 기업인 경우 대개 기업의 이익을 위해 광고를 만들어요. 반면 공익 기관이나 NGO 단체의 경우는 공공의 이익을 위해 광고를 만든답니다.

잠깐 퀴즈! 이 광고의 의도는 무엇일까요

힌트① 그림을 살펴보세요

지구를 아이스크림콘에 올려놓았네?

힌트② 아이스크림이 녹는 현상과 지구가 녹는 장면을 연관시켜 이해해 보세요

날이 따뜻하면 아이스크림이 녹아. 아, 지구가 점점 더워지고 있는 것을 녹아내리는 아이스크림처럼 표현했구나.

▲ 세계자연보호기금에서 만든 공익광고 〈The earth melting(녹아내리는 지구)〉.

힌트③ 광고를 만든 곳이 어디인지 살펴보세요

WWF에서 만들었구나. WWF는 환경단체야. 그러니 환경 문제를 다룬 광고일 거야.

⋯▶ 광고의 의도 : (   )

● 정답은 340쪽에서

광고, 어디까지 믿어야 할까요

어! 광고에 내가 좋아하는 연예인이 나왔어요. 잘생긴 이목구비에 기가 막힌 표정 연기까지! 가만, 그 사람이 입은 빨간 점퍼가 참 멋져요. 그 점퍼를 입으면 나도 그 사람처럼 될 수 있겠죠? 아주 비싸기는 했지만 과감히 샀어요. 이런, 1년 가까이 모아 둔 용돈이 한 번에 날아가 버렸어요.

이 친구가 저지른 실수는 무엇일까요? 광고를 보고 충동적으로 점퍼를 구입했군요. 같은 상품을 쓰는 것만으로 연예인과 비슷해질 거라는 착각도 했고요. 광고를 100% 믿다 보면, 이처럼 한꺼번에 용돈을 날리는 실수를 하게 돼요.

이런 실수를 피하기 위해 우리는 광고의 멋진 이미지나 번지르르한 말들을 좀 더 객관적으로 살펴볼 필요가 있어요. 상업광고의 경우, 상품을 많이 팔기 위해 거짓을 말하거나 사실을 과장되게 부풀리는 경우가 많거든요.

'최고', '매진 임박', '무조건' 같은 귀에 솔깃한 문구로 치장된 광고, 제품을 실제보다 크고 화려하게 보여 주는 광고, '젊음을 돌려드립니다' '바르면 체지방이 감소하는 로션'같이 지키기 어려운 약속을 하는 광고, 그리고 칭찬만 늘어놓는 상품평……. 모두 우리가 광고를 신뢰하기 전에 한 번 더 생각해 볼 필요가 있는 것들이죠. 소 잃고 외양간 고치는 일은 없어야 하니까요.

여행 계획을 멋지게 짜고 싶어요

방학 때 친구들과 경주에 놀러 갈 거예요. 무슨 옷을 입고 갈지, 어떤 간식을 준비해 갈지는 머릿속에 그려지는데, 정작 일정을 어떻게 잡아야 할지는 도무지 모르겠어요. 시간은 짧은데 역사 유적지는 엄청 많으니까요. 이럴 때, 필요한 정보를 어떻게 하면 쉽게 얻을 수 있을까요?

여행을 떠나기 전에

여행을 떠나기 전에 미리 정보를 찾아보면 좀 더 편하고 즐거운 여행을 할 수 있어요. 예를 들어 어떤 길이 더 빠른지, 관람 비용은 얼마인지, 또 주변에 볼거리나 음식점은 무엇이 있는지 미리 조사하면, 여행하면서 쓸데없이 들어가는 시간과 비용을 절약할 수 있답니다. 더불어 예상치 못한 어려운 일이 닥쳤을 때 도움을 청할 방법을 미리 찾아본다면, 일이 벌어졌을 때 당황하지 않고 해결할 수 있을 거예요.

필요한 정보를 쉽고 빠르게 찾는 법

먼저 여행하고 싶은 곳을 정해요. 여행 장소를 '경주'로 정했다면 다음으로 정보를 찾는 목적을 생각해 봅니다.

목적은 '신라 시대의 문화재를 본다'처럼 두루뭉술하게 정해서는 안 돼요. '첨성대를 보며 신라 시대의 천문과학기술을 느껴 보고 싶다'라든지 '불국사의 석가탑을 보며 아사달과 아사녀 이야기를 떠올려 보고 싶다'처럼 구체적으로 정하는 것이 좋답니다.

그 후에는 조사할 내용을 생각해 봐요. 위치는 어디고, 교통편은 무엇이 있는지, 또 시간은 얼마나 걸리는지, 방문할 장소가 문을 닫는 날은 언제인지 등을요.

이 같은 정보는 어디에서 찾을 수 있을까요? 교통 정보가 표시된 지도, 여행 안내서, 해당 코스의 누리집을 참고하면 교통편을 알아볼 수 있어요.

이때, 어느 한 가지 자료만 100% 믿고 따르기보다는 다양한 자료를 비교해 보는 것이 좋아요. 방문 장소의 누리집 게시판이나 전화를 통해 직접 정보를 확인하고, 먼저 경험한 사람들로부터 정보를 듣다 보면 더 정확한 정보를 찾아 활용할 수 있거든요. 또 생각지 못했던 정보까지 덤으로 얻을 수 있답니다.

자, 어때요? 이제 모두들 떠날 준비가 됐나요?

인터넷 정보, 믿어도 될까요?

인터넷은 책에 비해 정보를 찾을 때 드는 시간과 노력이 적어요. 또 잘만 찾으면 전문가를 직접 찾아가는 수고 없이 깊이 있는 정보를 얻을 수 있을 정도로 정보의 범위가 매우 넓지요.

하지만 출처가 분명하지 않다는 단점이 있어요. 다른 사람의 글을 자신의 것인 양 그대로 옮겨 와 의미를 왜곡해서 다시 쓴 경우도 많지요. 개인 체험에 의한 주관적인 정보도 많답니다.

따라서 인터넷 정보를 이용할 때는 출처가 분명하고 믿을 수 있는 누리집에 나온 정보를 이용하는 것이 좋아요.

조선 시대에 왕이 볼 수 없는 책이 있었다고요?

역사를 좋아하는 제 친구가 "조선 시대에는 왕도 못 보는 책이 있었어"라길래 또 잘난척을 하는구나 싶어 "왕이라고 뭐 대단했겠어? 내가 좋아하는 피자도 못 먹고, 햄버거도 못 먹어 봤겠지" 하며 하나도 궁금하지 않다고 핀잔을 줬는데, 막상 답을 못 들으니 궁금해 죽겠어요. 정말인가요? 왕도 볼 수 없는 책이 있었다는 게?

왕도 볼 수 없었던 기록문

『조선왕조실록』, 『훈민정음』, 『직지심체요절』의 공통점은 뭘까요? 빙고! 모두 유네스코 세계기록유산에 올라 있다는 사실이에요. 세계기록유산이란 세계사 또는 세계 문화에 큰 영향을 미쳤거나, 귀중한 가치를 지녔다고 평가받는 자료들이지요.

이 중에서 『조선왕조실록』은 조선 태조 임금부터 철종 임금까지 일어났던 일을 자세히 기록해 놓은 책이에요. 정치·경제·문화·종교 등 여러 방면에 걸쳐 방대한 정보가 기록돼 있답니다. 세계적으로도 이렇게 오랜 기간 기록해 온 실록은 없었다고 해요.

여기서 놀라운 사실 한 가지! 왕은 자신이 살았던 시대의 기록을 볼 수 없었다는 거! 여러분은 믿어지나요?

그 당시 왕은 한 나라의 주인이자 최고 권력을 가졌던 사람이에요. 그렇기에 만약 실록의 기록을 보고 마음에 안 들면 고치려고 했을 거예요. 그래서 해당 왕의 실록은 반드시 왕이 죽은 후 쓰였어요. 또 선왕(앞서 왕위에 있던 임금)의 실록을 후대 왕이 보는 것도 금지했지요.

정확하고 객관적인 역사 기록을 위해 권력자만큼은 자신이 살았던 시대의 기록을 보지 못하게 했던 것이랍니다.

기록문이란

기록문은 실제로 한 일이나 본 일, 들은 일, 조사하거나 연구한 일을 사실 그대로 기록한 글이에요. 나비나 꽃, 날씨 등 어떤 대상을 관찰한 내용을 쓰면 관찰 기록문, 사회 시간에 촌락과 도시에 대해 조사한 내용을 쓰면 조사 기록문, 견학을 가서 보고 듣고 생각한 내용을 쓰면 견학 기록문이랍니다.

기록문을 쓰기 위해서는 먼저 글을 쓰기 전에 충분히 관찰하고 조사하는 과정이 필요해요. 메모를 곁들여 정리하면 더욱 좋겠죠?

그런 후에는 어떠한 구성으로 써 나갈 것인지를 정하고 순서에 맞게 본격적으로 글을 쓰기 시작해요.

글을 쓸 때는 '누가, 언제, 어디서, 무엇을, 어떻게, 왜'라는 육하원칙에 따라 읽기 쉽게 써 나갑니다. 될 수 있는 대로 정확하고 짧은 문장으로 써요. 물론 나의 생각이나 느낌을 살짝 넣어도 좋지요. 하지만 글쓴이의 주관이 너무 많이 들어가면 안 된답니다.

옛날 국어 교과서는 어떻게 생겼나요?

제 국어 교과서를 보신 할아버지께서 "허허, 요즘 세상 많이 좋아졌네"라고 하셨어요. 할아버지가 학교 다니실 때는 교과서를 구하기 힘들었고, 지금처럼 좋은 종이도 아니었대요. 하지만 가난으로 달리 읽을 책이 없어 국어 교과서를 읽고 또 읽으셨대요. 할아버지가 마르고 닳도록 읽으신 국어 교과서는 도대체 어떻게 생겼는지 궁금해요.

옛날 국어 교과서는 이랬어요

옛날 국어 교과서의 모습을 살펴보기 위해 일제 강점기 시기로 거슬러 올라가 볼까요? 일제 강점기에 일본은 우리 문화를 없애 버리려 했어요. 학교에서도 우리말과 우리글을 사용하지 못하게 했지

1930년대	1940년대	1980년대
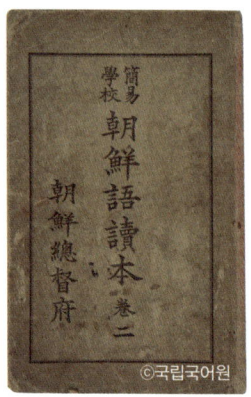	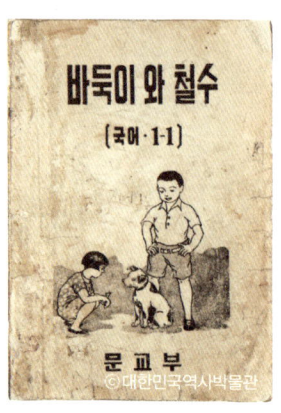	
▲ 조선어독본. 1930년대 일제 강점기에 사용된 한 국어 교과서예요.	▲ 바둑이와 철수. 정겨운 한 국어 이름을 제목으로 삼았어요.	▲ 국민학교 말하기·듣기. 국민학교는 초등학교의 옛 명칭이랍니다.

요. 시간표에는 한국어(조선어) 시간보다 일본어 시간이 많았고 일상 대화에서 일본어가 아닌 한국어를 사용하면 처벌을 받았지요.

1945년 드디어 광복을 맞고 나서 우리나라 최초의 국어 교과서 '바둑이와 철수'가 등장해요. 국어 교과서 이름이 '바둑이와 철수'라니 재미있죠? 이 교과서는 지금과 달리 흑백이었어요. 또 시작 단원부터 끝 단원까지 하나의 이야기로 진행되는 것이 특징이었답니다. 여러분이 보기에는 맹숭맹숭 재미없어 보일지 모르지만, 당시 어린이들은 이 교과서로 재미나게 공부했대요.

이후 네 차례 교육 과정이 바뀌고 그때마다 국어 교과서의 모습도 조금씩 변해 갔어요. 글자, 그림, 사진에 여러 색깔이 입혀져 화려해졌고, 한자도 점차 사라져 오늘에 이르렀지요.

교과서란 이런 것!

교과서란 교육을 위해 사용하는 교재예요. 우리나라는 국정교과서라는 명칭으로 나라에서 만들어 학생들에게 제공하고 있어요. 물론 검인정교과서라는 명칭으로 출판사에서 만들어 판매하는 교과서도 있어요. 하지만 초등학교 국어 과목은 국정교과서를 사용한답니다.

옛날에는 교과서라고 하면 책 형태만 생각했어요. 하지만 오늘날에는 책뿐만 아니라, 음반이나 동영상 자료, 전자책까지도 교과서로 등장하고 있지요.

갖고 싶은 물건이 둘일 때 잘 선택하는 방법은?

저는 제 자전거를 정말 좋아해요. 그런데 어른이 되면 오토바이도 타고 싶어요. 만약 꼭 하나만 골라야 하면 어쩌지요? 자전거냐, 오토바이냐, 그것이 문제로다! 닮은 듯 다른 두 가지 중 하나를 선택하기 위한 좋은 방법이 없을까요?

비교와 대조

답답한 마음은 잠시 접고 곰곰이 생각해 볼까요? 둘 이상의 대상을 견주어 보는 좋은 방법을 알려 줄게요. 바로 '비교와 대조'랍니다. 비교는 비슷한 점을 들어서 설명하는 것이고 대조는 차이점을 들어 설명하는 것이지요.

이 방법을 사용하면 각각의 대상이 지닌 특징이 더욱 또렷하게 보여요. 그래서 잘 알지 못하는 대상을 설명할 때 비교와 대조가 가능한 대상을 찾아 함께 이야기하면 좋지요.

예를 들어 전자칠판이 무엇인지 모르는 친구에게 전자칠판을 설명한다고 생각해 봐요. 이때 흔히들 잘 알고 있는 칠판을 들어 비슷한 점(비교)과 차이점(대조)을 설명하면 듣는 이가 훨씬 쉽게 이해할 수 있어요.

> 전자칠판은 일반 칠판과 생김새는 비슷해.(비교) 그런데 일반 칠판이 분필을 사용해 흑판에 글씨를 쓰는 것과 달리, 전자칠판은 전자펜을 사용해 화면에 글씨를 쓰지.(대조) 또 일반 칠판은 판서 내용이 지워지기 전에 공책에 얼른 써야 하잖아? 전자칠판은 그렇지 않아. 화면에 기록된 내용이 저장되기 때문이지. 그 덕분에 필기 내용을 스마트폰이나 컴퓨터로도 받아 볼 수 있대.(대조)

어때요? 비교와 대조를 사용하니 잘 몰랐던 전자칠판이 머릿속에 잘 그려지지요?

한 가지 기준이 필요해요

비교와 대조를 사용할 때는 몇 가지 주의점이 있어요. 먼저 어떤 점을 비교하고 대조할지 기준을 정해야 하지요. 예를 들어 '자전거는 느리고 오토바이는 비싸다'라는 문장을 살펴볼까요? 뭔가 자연스럽지 못한 문장이라는 느낌이 들 거예요. 자전거는 빠르기를 기준으로 썼고 오토바이는 가격을 기준으로 썼기 때문이에요. 따라서 '자전거는 느리고, 오토바이는 빠르다'처럼 '빠르기'라는 공통 기준이 필요하답니다.

또 비교와 대조를 하려는 대상들끼리는 범위가 비슷해야 해요. '장미와 고양이', '김밥과 라디오'처럼 범위가 전혀 다른 대상들은 비교와 대조를 할 수 없답니다. '사자와 호랑이'처럼 '동물'이라는 같은 범위에 있거나, '떡과 케이크'처럼 '음식'이라는 같은 범위에 있을 때 비교와 대조 방법을 사용할 수 있어요.

부탁을 잘하는 비법이 있다고요?

요즘 자꾸만 새 핸드폰이 갖고 싶어요. 하지만 엄마한테 조르면 공부는 않고 핸드폰 생각만 한다고 꾸중을 들을 것 같아요. 어떻게 부탁하면 좋을까요?

어려운 부탁은 말보다 글로

이렇게 말하고, 저렇게 말해도 돌아오는 대답은 '안 돼!'라는 거절뿐. 이럴 때 내 부탁을 글로 표현해 보는 것은 어떨까요?

부탁하는 글은 편지글 형식으로 쓰면 좋지요. 그런데 편지글 형식이라고 해서 말하듯이 자연스럽게 쓴다고 말을 그대로 글로 옮기는 건 좋지 않아요. 무작정 결론만 말하기보다는 부탁하는 이유를 자세히 써야 한답니다.

또 상대방을 배려하면서 쓰는 게 좋지요. 주변 상황을 잘 살펴 상대방이 내 부탁을 들어줄 수 있는지를 가늠해 보세요. 그 사람의 입장이 돼 경제적 상황은 어떤지, 시간적 여유는 있는지를 생각해 보세요. 이런저런 상황을 살피지 않고 막무가내로 내 부탁만 한다면, 돌아오는 것은 꿀밤 한 대일 수도 있어요.

예의 바른 표현도 잊지 말아야겠죠? 상대방이 누구냐에 따라 적절하게 높임말과 공손한 말투를 사용한다면 부탁받는 사람도 한결 너그러운 마음으로 글을 읽게 되겠지요.

거절당하면 어떡하나요

물론 상대방이 내 부탁을 들어주지 못할 수도 있을 거예요. 그렇다고 화를 내거나 실망해서는 안 되겠지요. 거절하는 사람이 미안한 마음을 표현했다면 그 사람의 마음을 이해하고 헤아려 보세요.

상대방이 부탁을 못 들어 줄 경우를 대비해 다른 방법을 미리 생각해 두는 것도 좋답니다. 내가 원하는 새 핸드폰이 아니더라도 가격이 저렴한 다른 핸드폰을 대신 받을 수 있는지, 또는 부모님이 쓰시던 핸드폰을 물려받을 수 있는지를요.

평생 기억에 남을 생일카드를 쓸 수 있을까요?

단짝 친구의 생일, 고민 고민해서 선물을 고르고 선물을 주면서 "축하해"라고 말했지요. 그런데 어쩐지 마음을 제대로 표현하지 못한 느낌이 들었어요. 뭐가 빠진 걸까요?

말로는 다 할 수 없는 말, 글로 써요

종종 축하하거나 축하받을 일이 생겨요. 생일·입학·졸업처럼 중요한 시기나 단계에 접어들 때, 열심히 노력해서 좋은 결과를 얻을 때가 그렇죠. 이럴 때 빠질 수 없는 것이 바로 축하하는 말이에요.

하지만 때로는 축하하는 말을 형식적으로만 건네게 될 때가 있어요. 또는 쑥스러운 나머지 제대로 다 말하지 못할 때도 있고요. 이렇게 뭔가 아쉬움이 남을 때 좋은 것이 카드나 편지랍니다. 축하하고픈 마음을 차분하게 글로 쓴다면 잊어버리는 말 없이 마음을 전할 수 있거든요.

세상에 단 하나뿐인 축하 편지 쓰기

축하하는 글을 쓸 때는 먼저 내가 축하하고 싶은 일이 무엇인지 생각해 봐요. 그리고 축하하는 이유나 마음을 구체적으로 드러내면 좋아요. "소중한 내 친구, 너의 열 살이 하루하루 신나길 바랄게. 생일 진심으로 축하해"라고 섬세하게 표현해 본다면 좋겠지요.

그리고 축하하는 나의 마음이나 읽는 사람의 마음을 나타낼 수 있는 표현도 사용해 봐요. "우리가 만난 지 벌써 2년이 됐다니 놀랍지? 올해도 네 생일을 축하해 줄 수 있어서 기뻐"처럼요. 축하받는 사람의 마음이 어떨지 생각하면서 쓴다면 훨씬 쉬울 거예요.

여기에 하나 더! 축하받는 사람의 앞날을 위해 응원을 덧붙여 주면, 미래로 나갈 힘까지 북돋울 수 있답니다. "지난해 생일 때 빈 소원은 이뤘니? 아직이라면 올해는 꼭 이루길 빌게. 잊지 않고 꾸준히 바라고 노력해 봐. 너라면 꼭 이룰 수 있을 거야."

무엇보다 받는 사람이 편지를 간직하고 싶은 마음이 들 수 있게 정성을 다해 쓰는 것은 기본이겠지요? 진심을 담기 위해 이리저리 고민해 본다면, 세상에 단 하나뿐인 여러분만의 축하 편지를 쓸 수 있을 거예요.

일기와 생활문, 무엇이 다른가요?

선생님께서 생활문 한 편을 써 오라는 숙제를 내 주셨어요. 그런데 쓰다 보니 자꾸 일기처럼 돼 버리네요. 생활문은 일기처럼 쓰면 안 되나요?

일기와 생활문의 차이

생활하면서 겪은 여러 가지 일을 실감나게 쓴 글을 생활문이라고 해요. 있었던 일을 쓰는 만큼 꾸밈없이 솔직하게 써야지요.

일기랑 다른 점이 뭐냐고요? 생활문도 일기도 모두 생활에서 겪은 일을 쓴다는 공통점이 있어요. 하지만 생활문은 여러 사람에게 보여 주기 위해 쓰는 글이고, 일기는 자기 자신만 보기 위해 쓰는 글이라는 차이점이 있답니다. 보통은 생활문의 한 종류로 일기를 말하기도 해요.

생활문의 종류	일기, 편지, 기행문 등

생활문을 쓰는 방법

● 글감 찾기

글감을 찾는 것이 생활문 쓰기의 첫 걸음이에요. 아침 등굣길에 보았던 길 잃은 강아지, 학교 점심 급식 시간에 나왔던 맛있는 반찬, 수업 시간에 선생님께 칭찬받은 일까지 모두 글감이 될 수 있어요.

● 구성하기

글감이 정해졌으면 이제 줄거리를 만들기 시작해요. 이야기를 어떤 구성으로 펼쳐 낼지 생각하며 줄거리를 만들지요. 비교적 구성이 간단한 '처음-가운데-끝' 3단 구성도 있고, 조금 더 치밀한 '발단-전개-절정-결말' 4단 구성도 있답니다.

● 쓰기와 고쳐 쓰기

구성이 끝났다면 본격적으로 글을 쓰기 시작하면 되겠죠? 잊지 말아야 할 사실 하나! 글을 쓰고 난 다음에는 반드시 고쳐 쓰기를 해야 해요. 처음부터 끝까지 글을 한번에 써 내려간 다음 다 끝났다고 생각하는 어린이들이 많은데요. 혹시 틀린 글자는 없는지, 어색한 부분은 없는지, 더 첨가할 부분은 없는지를 살피면서 고쳐 써 나가는 과정이 반드시 필요하답니다.

생활문의 글감

우리가 생활하면서 겪은 일을 쓰는 것이 생활문인 만큼 우리 주변의 모든 것이 글감이 될 수 있어요. 여기에 재미있는 글감 몇 가지를 소개해 볼게요.

	떠올릴 수 있는 글감
학교에서 있었던 일	급식 시간, 선생님께 꾸중 들은 일, 선생님께 칭찬받은 일, 친구와 다툰 일, 상장 받은 일, 청소한 일 등
집에서 있었던 일	개구쟁이 내 동생, 친척 결혼식에 다녀온 일, 할머니가 돌아가신 일, 생일파티 한 일 등
여행하며 있었던 일	경주 불국사에 다녀온 일, 고구마 캔 일, 차 타며 멀미 한 일, 수학여행, 현장체험학습 등
신문, 인터넷, TV에서 보거나 들은 정보	TV에서 본 재미있는 개그 프로그램, 눈물을 흘리며 본 영화, 신기한 광고 등

이 중에서 가장 좋은 글감은 어떤 것이냐고요? 내가 표현하고자 하는 주제를 잘 드러내 줄 수 있으면서 재미까지 느낄 수 있는 것이 가장 좋은 글감이랍니다.

생활문의 4단 구성

발단: 이야기가 시작되는 단계.

전개: 사건이 펼쳐지는 단계. 이야기가 흥미롭게 진행됨.

절정: 갈등이 극에 달하는 단계. 주제가 드러나기도 함.

결말: 사건이 해결되는 단계. 사건이 마무리됨.

생활문의 첫 문장을 쓰기가 너무 어려워요

막상 쓰기 시작하면 술술 풀리는데, 그 전까지 너무 오랜 시간이 걸려요. 첫 문장을 어떻게 쓸까 고민하는 데 하루가 다 가 버린다니까요. 시작이 반이라는데, 그 시작이 너무 힘들어요.

생활문 첫머리는 이런 내용으로

생활문은 주로 시간이나 장소, 사건이 일어난 배경을 설명하며 시작해요. 앞으로 어떤 이야기가 등장할지 호기심을 불러일으키는 내용이면 좋지요.

● **시간으로 시작하기**

  예시 아침 등굣길에 있었던 일이다. 나는 고무줄이 헐렁해져 자꾸 흘러내리는 바지를 위태롭게 부여잡고 학교로 가고 있었다.

● **장소로 시작하기**

  예시 학교 급식실에서 있었던 일이다. 밥을 먹기 위해 줄을 서 있는데, 우리 반에서 제일 힘센 태현이가 갑자기 내 앞으로 스윽 들어왔다.

● **대화글로 시작하기**

  예시 "자, 지금부터 짝꿍을 바꾸도록 하겠습니다." "선생님, 오늘은 어떻게 짝꿍을 바꿀 거예요?" 상우가 잔뜩 들뜬 목소리로 선생님께 질문을 했다.

● **속담이나 격언으로 시작하기**

  예시 '고양이는 생선가게 앞을 그냥 지나치지 못한다'고 하지요. 어느 날 오후, 동생 입 주위에는 벌건 아이스크림 자국이 나 있었습니다. 보나 마나 내가 사 둔 냉장고 속 아이스크림을 혼자 다 먹은 게 분명했습니다.

● **배경이나 장면 묘사로 시작하기**

  예시 눈송이는 앙상한 가지만 남아 있는 헐벗은 나무에도 내려왔다. 가지 위에 내려앉은 눈송이는 작고 하얀 꽃 같았다.

- **주인공을 설명하면서 시작하기**

  <예시> 나는 키가 매우 작습니다. 매일 아침 설레는 마음으로 벽에 그린 눈금에 키를 맞춰 봅니다. "오늘도 똑같네?" 설레는 마음도 잠시, 곧 한숨이 나오지요.

조금 더 써 볼까요

이렇게 시작했다면, 글 가운데 부분은 사건이 본격적으로 나타나도록 써요. 경험을 이야기하듯 자연스럽게 쓰면 되지요.

이때 글 내용은 주제와 관련된 것이어야겠죠. 아무리 재미있는 에피소드라도 주제와 동떨어진 것이라면 글을 산만하게 만들 수 있다는 점 기억하세요.

또 내 입장에서만 알 수 있게 두루뭉술하게 쓰면 안 된답니다. 나는 알고 있지만, 글을 읽는 사람은 모르는 일이기 때문에 내용을 자세히 써야 해요.

'내가 이런 말을 써서 나를 흉보면 어떡하지?' 하고 생각하는 것은 좋지 않아요. 설사 내 잘못이 드러날지라도 솔직히 인정하고 글을 써야 한답니다.

중간 중간 양념처럼 대화글을 넣어 주는 것도 좋아요. 대화글은 글을 더욱 실감나게 하는 데 큰 역할을 하니까요.

내가 겪은 일이니 보고 듣고 느낀 나의 생각과 느낌이 꼭 들어가야 하는 것은 당연하겠죠?

제목 붙이기

항상 제목을 먼저 쓰고 글쓰기를 시작해야 하는 것은 아니에요.

글을 다 쓰고 난 뒤 전체적인 내용을 살펴보고 정해도 되니까요. 제목도 글 첫머리를 쓸 때처럼 흥미로운 것, 호기심을 불러일으키는 것으로 써 주면 좋아요. 재미있는 제목은 독자에게 '어? 내용이 궁금한데, 한번 읽어 봐야지'라는 생각이 들게 하거든요.

초대글은 어떻게 쓸까요?

어느 날 도치는 초대장을 받았어요. 누가 보냈는지는 모르겠지만, 100층짜리 집에 초대한다는 내용이 담겨 있었어요. 도치는 100층짜리 집에 가 보기로 결심해요. 그리고 초대장에 그려진 지도를 따라 100층짜리 집을 찾아 떠난답니다. 그림책 『100층짜리 집』에 나오는 내용이에요. 얼마나 잘 쓴 초대장이기에 도치는 누가 보냈는지도 모르는 그 초대장을 받고 100층짜리 집을 찾아 떠났을까요?

초대하는 글의 효과

초대하는 글이란, 다른 사람을 초대하기 위해 쓰는 초대장을 뜻해요.

여러분도 친구 생일 때 초대장을 받아 본 적이 있나요? 초대장을 받는 느낌은 어땠나요?

글은 아무래도 말보다 많은 시간과 정성을 들이게 돼요. 그래서 초대장을 받는 사람은 초대하는 사람이 나를 특별하게 생각한다는 느낌을 받아 기분이 좋고, 그 행사에 꼭 참여해야겠다는 마음을 지니게 되지요. 또한 내용이 글로 쓰여 있기 때문에 행사 정보를 정확하게 전달받을 수 있어요.

이처럼 누군가를 초대할 때 초대장을 전하면 직접 말하거나 전화로 말할 때와는 또 다른 좋은 점이 있어요.

초대하는 글을 쓰는 방법

초대하는 글에는 시간(때)과 장소(곳)를 반드시 넣어야 해요. 그리고 왜 초대하는지 그 이유도 밝혀야 하지요. 이런 내용이 없다면 언제 어디로 가야 할지 몰라 상대방이 참석하지 못할 수도 있어요. 또 초대의 목적을 몰라 참석이 망설여질 수도 있고요.

더불어 초대장에는 제목을 써 넣는 것도 좋아요. 초대장에 제목을 넣어 준다면 받는 사람이 초대하는 이유를 정확하게 알 수 있거든요. 글 쓰는 사람 역시 제목을 보며 초대 목적에 맞게 글을 쓸 수 있답니다.

초대하는 글에 써야 할 내용	제목, 받을 사람, 초대하는 말, 일시(때), 장소(곳), 쓴 날짜, 쓴 사람

다음 초대글에는 어떤 내용이 빠져 있는지 찾아볼까요?

이명희의 첫 번째 피아노 연주회에
당신을 초대합니다

태준이에게
태준아, 나 피아노 연주회를 하게 됐어. 오랜 시간 동안
열심히 연습했단다. 네가 와 주면 무척 기쁠 것 같아.
2014년 4월 30일
너를 아끼는 명희가

빠진 내용 : (　　　　　　　)

● 정답은 340쪽에서

인터넷에 어떤 글을 올릴까요?

인터넷 카페에 가입했어요. 글을 쓰고 싶은데 많은 사람들이 내 글을 보게 될 거라니 글을 쓸 용기가 나지 않아요. 어떤 글을 어떻게 쓰면 좋을까요?

일상적인 내용을 쓸 때

개인이 운영하는 카페나 홈페이지 등에는 글쓴이가 자신의 일상을 솔직하고 담백하게 써 내려간 수필 형식의 글이 많아요. 이러한 글은 글쓴이가 자신의 생활을 돌아보는 데 도움이 돼요. 또 글을 읽는 사람들과 생각을 주고받으며 친밀감을 쌓게 해 주지요. 이런 글은 소소한 재미와 잔잔한 감동을 느끼게 하기 때문에 대부분 쉽게 공감을 얻을 수 있어요.

주장하는 글을 쓸 때

누구나 자신의 의견을 드러낼 수 있는 자유로운 공간이 바로 인터넷이에요. 그래서 사회적으로 주목을 받는 사건이 생기면 각종 인터넷 게시판에는 많은 사람들이 다양한 의견을 올립니다. 주장하는 글을 쓸 때는 정확한 근거를 들어 논리적으로 설명해야 해요. 그래야 주장을 인정받을 수 있어요.

비판하는 글을 쓸 때

상품을 구매했는데 과장 광고로 피해를 입었다면 그 회사에 불만 사항을 제시해 문제를 개선할 필요가 있겠지요. 이럴 때는 비판하는 글이 필요해요. 비판하는 글을 쓸 때도 역시 명확한 근거를 제시해야 해요. 그렇지 않으면, 단순히 남을 헐뜯는 악의적인 글이 되고 말지요.

알리는 글을 쓸 때

'유네스코 세계유산인 수원 화성에서는 매년 10월에 수원화성문화제가 열린다'처럼 자신이 알고 있는 사실이나 '기다리던 게임이 출시되었다'처럼 '유용한 정보'를 글로 쓸 수도 있어요.

알리는 글은 정확한 정보를 바탕으로 있는 그대로 써야 해요. 막연한 추측이나 확인되지 않은 내용을 쓴다면 오해를 불러일으킬 수 있어요.

베껴 쓰기는 안 돼요

　모든 글과 사진, 그림, 음악 등에는 저작권이 있어요. 주인에게 모든 권리가 있다는 뜻이지요. 다른 사람의 글이나 그림, 혹은 사진을 써야 한다면, 반드시 그 주인에게 허락을 받고 출처를 밝혀 사용해야 해요. 그러지 않고 무단으로 쓴다면 법적으로 처벌받게 된답니다.

인터넷에서 바르고 고운 표현을 써요

　맞춤법을 무시하거나 단어를 줄여서 쓰는 인터넷 언어를 쉽게 볼 수 있어요. 인터넷 언어는 재미있고 경제적이라는 특징이 있긴 하지만 이런 표현이 자주 등장하면 신뢰할 만한 글이라는 좋은 인상을 주기는 어렵지요.

　특정 계층만 사용하는 이런 언어를 '은어'라고 하는데, 인터넷 은어는 대개 간편한 한두 마디로 상황을 판단하고 요약시켜요. 이처럼 은어를 너무 많이 쓰면 글을 이해하지 못하는 경우도 생겨요. 따라서 인터넷 글을 쓸 때는 은어나 속어 등을 자제하고 차분하고 논리적인 문장을 쓰는 것이 좋아요.

책 내용을 왜 요약할까요?

숙제로 동화책 한 권을 읽고 줄거리를 간단하게 요약해 가야 해요. 그런데 줄거리를 줄이다 보니 너무 짧아져서 중요한 것을 놓치는 기분이 들어요. 대체 줄거리 요약이 왜 필요한 거지요?

간추려 쓰면 좋아요

아무리 재미있는 책이라도 내용을 모두 기억하기는 힘들고 시간이 지나면 잊어버리게 돼요. 하지만 줄거리를 요약해 놓으면 쉽고 빠르게 전체 내용을 떠올릴 수 있어요. 간추린 줄거리 속에는 중요한 내용이 모두 들어 있기 때문이에요.

　교실에서 공부할 때, 책을 읽은 뒤에, 박물관이나 미술관을 견학한 뒤에도 간추린 글은 도움이 돼요. 전자제품 사용설명서는 두꺼운 책자와 함께 앞뒤로 요약된 설명서가 있어 긴 설명서를 다 읽지 않아도 대략적인 내용을 짐작할 수 있어요.

　군더더기 없이 깔끔하게 간추린 글은 쓰는 사람도 읽는 사람도 전체 내용을 잘 이해할 수 있게 도와줘요.

간추린 글쓰기의 첫걸음

　간추린 글은 전체에서 일부를 골라내는 것이에요. 무엇이 중요한지, 꼭 필요한 것은 무엇인지 잘 알아야 해요.

　이야기의 경우 일이 일어난 차례에 따라, 또 원인과 결과에 따라 간추리는 것이 좋아요. 차례에 따라 간추릴 때는 시기를 말해 주는 단락을 찾아보면 빨라요. 원인과 결과에 따라 간추릴 때는 육하원칙으로 핵심 내용만 정리해 봐요.

온라인 대화에서 주의할 점은?

인터넷 카페에서 단체 채팅 중이었는데 어느 순간, 거칠고 무례한 말이 조금씩 오가면서 채팅방 분위기가 나빠졌어요. 온라인에서 꼭 지켜야 할 올바른 대화 예절이 있을까요?

온라인 대화와 일반 대화의 차이점

온라인 대화는 컴퓨터·핸드폰 같은 통신 매체를 사용해 문자로 대화를 주고받는 것을 말해요. 누리집에 글쓰기, 대화방에서 의견 주고받기, 전자우편 주고받기, 누리사랑방(블로그)에서 댓글 주고받기 등이 모두 이에 해당하지요.

온라인 대화는 말하는 이와 듣는 이가 직접 만나지 않고도 시간이나 장소에 상관없이 빠르게 대화할 수 있어요. 서로 잘 아는 사람들끼리만 온라인 대화를 나눌 수 있는 건 아니지요. 오히려 한 번도 만난 적이 없는 사람들과 대화를 나눌 경우가 많아요. 이 때문에 간혹 우리는 내 실제 이름과 모습이 가려져 있다고 생각해서 함부로 말하는 경우가 있어요.

온라인 대화 예절

실제로 만나는 것은 아니지만 대화방에 들어가면 다른 사람의 얼굴을 마주 보는 마음가짐으로 대해요. 눈앞에 보이지 않으면 자칫 자기도 모르게 무례한 태도를 지닐 수 있으니까요.

온라인 대화는 말투와 표정이 직접 전해지지 않기에, 일반 대화와는 다른 예절이 필요해요. 상대방이 누구냐에 따라 적절히 높임말을 사용하며, 친구들 간에 편하게 쓰는 채팅 용어는 상황에 따라 가려 쓰는 것이 좋아요. 혹시라도 대화방 분위기에 맞지 않을 경우, 이런 말로 하면 예의가 없는 사람으로 비춰지거든요.

가벼운 감정 표현을 위해 이모티콘을 사용해도 되지만 지나치면 오히려 대화에 방해가 될 수 있으므로 주의해요. 비방하는 말이나 욕설 등은 말할 것도 없고요. 쓸 때는 오타와 띄어쓰기에 주의해요.

언제나 엔터키를 치기 전에 자신이 쓴 내용을 한 번 더 돌아보는 게 좋아요.

악플과 선플이란 무엇일까요?
인터넷 속 가상 공간을 사이버라고 해요. 이곳에서는 실제 이름이 아닌 닉네임을 사용하기 때문에 남을 함부로 욕하거나 헐뜯는 경우가 있어요. 이것은 뒤에 숨어서 욕하는 것과 같은데, 대표적인 사이버 폭력이라고 할 수 있어요. 또 일부러 악의적인 댓글을 다는 경우를 '악플'이라고 하며, 그 반대 경우를 '선플'이라고 해요. 칭찬이나 격려가 필요한 사람, 슬픔을 겪고 있는 사람 등에게 먼저 손을 뻗어 희망을 주는 건 어떨까요?

기사글, 어떻게 쓰면 될까요?

학교 신문 기자로 활동할 기회가 생겼어요. 우리 반이 교내 독서퀴즈 대회에서 1등 했다는 소식을 싣고 싶은데, 어떻게 쓰면 될까요?

기삿거리 선정하기

아무 내용이나 기삿거리가 될 수는 없어요. 우선 스포츠신문, 경제신문, 독서신문, 역사신문, 가족신문, 진로신문 등 신문 주제에 따라 내용이 결정돼요. 신문의 주제와 성격을 알았다면 그다음엔 주요 독자가 누구인지 생각해 봅니다.

이제 읽는 이가 관심을 가질 내용인지, 알릴 만한 가치가 있는 내용인지 생각해 기삿거리를 정해요. 가령 학교 신문에 내가 아파서 학교를 결석했다고 알리는 것은 어떨까요? 이런 개인적인 일은 신문기사로 적절하지 않아요.

기삿거리가 아무리 훌륭해도 몇 년 전이나 몇 달 전 일은 가치가 없어요. 최근 소식이 기삿거리로 적합해요.

기사문을 체계적으로 작성해요

적당한 기삿거리를 정했다고 바로 기사문을 쓸 수 있는 건 아니에요. 기사문이 갖춰야 할 몇 가지 조건들을 살펴볼까요?

● **정확하게**

무엇보다 정확한 사실이 중요해요. 가지도 않은 가족여행을, 받지도 않은 상을 거짓으로 꾸며 쓰면 안 되겠지요. 믿을 수 있는 자료를 바탕으로 꼼꼼히 조사한 내용을 정확하게 써야 해요.

● **육하원칙에 따라**

조사한 자료는 육하원칙에 따라서 체계적으로 정리해요. 육하원칙은 문장 속에 '누가, 언제, 어디서, 무엇을, 어떻게, 왜'라는 여섯 가지 기본 정보를 담아야 한다는 원칙을 말해요. 육하원칙에 맞지 않으면 중요한 내용이 빠지기도 하고 문장 체계가 흐트러질 수도 있어요.

- **간결하게**

문장은 너무 길면 읽기가 어려워요. 쉽게 읽을 수 있게 간결하게 써요.

자료를 활용해요

기사 내용을 보다 잘 전달하기 위해서는 사진, 그림, 도표 등 시각 자료가 필요해요. 이런 자료들은 자신이 직접 제작해야 해요. 다른 사람의 자료를 함부로 활용해서는 안 돼요.

만약 저작권이 있는 그 자료가 꼭 필요하다면 사전에 허락을 받고 필요한 부분만 참고한 후에 그 자료를 제공해 준 사람의 이름과 출처를 밝혀야 해요. 허락을 받지 않고 남의 것을 함부로 쓰는 것은 도둑질과 마찬가지거든요. 인터넷 뉴스 자료나 사진, 그림, 음악, 영화 등 창작물을 사용하려면 사용료를 지불하거나 허락을 받아야 해요.

신문의 구성

신문 지면은 보통 신문 이름, 날짜와 면수, 제작 정보, 기사 제목, 기사 본문, 관련 사진·삽화·도표, 광고 등으로 구성돼 있어요.
어떤 신문이든 펼쳐놓고 한번 살펴볼까요?

- 신문 이름 아래쪽에는 제작 정보가 있어요. 제작 정보에는 신문이 발행된 차례와 만든 날, 만든 이에 대한 정보가 들어가지요.
- 기사 제목은 큰 글씨로, 기사 내용 중 가장 솔깃한 정보를 담고 있어요. 제목이 흥미로울수록 독자가 기사에 관심을 기울이겠지요.
- 기사 본문에는 제목보다 작은 글씨로 육하원칙에 따라 쓴 문장들이 들어가지요. 중요하고 핵심적인 정보를 담은 문장일수록 앞에 등장해요.
- 본문 이해를 돕는 사진, 삽화, 도표 등 다양한 자료가 기사 글과 어울리는 자리에 들어가기도 해요. 자료 아래, 자료에 대한 짤막한 해설문이 들어가는데, 이를 캡션이라고 해요.
- 기사 본문 앞이나 뒤에는 기자 이름이, 캡션 뒤에는 자료 제작자 또는 자료 제공자의 이름이 들어간답니다.
- 기사 아래쪽엔 광고가 들어가요. 상품이나 기업을 홍보하는 상업광고, 공공 캠페인을 위한 공익광고 등 신문을 보는 주 대상층이 관심을 가질 만한 광고가 들어가요.

기행문은 상상해서 쓸 수 없나요?

기행문을 써야 해요. 동화나 소설처럼 상상을 덧붙여 써도 될까요?

기행문은 경험을 기록하는 글쓰기

기행문이란 여행하며 직접 보고 듣고 느끼고 생각한 것을 쓴 글이에요. 즐거웠던 추억을 글로 남겨 오래 간직할 수 있고, 여행에서 얻은 경험을 다른 사람에게 전해 줄 수 있어요. 그래서 여행을 가지 못한 사람들에게는 여행지에 대한 안내문이 되기도 해요.

막상 기행문을 쓰려면 기억이 흐릿할 수 있어요. 여행 경험을 잊어버리지 않게 여행하는 동안 틈틈이 메모하는 것이 좋아요. 시간과 장소, 보거나 들은 것, 보거나 느낀 점을 간단히 적어 두는 거죠.

여정·견문·감상이 골고루

기행문에는 어떤 내용이 들어가는지 살펴보기로 해요. 기행문에는 여정·견문·감상이 골고루 담겨 있어야 해요.

● **여정**

여행 과정을 뜻해요. 시간과 장소의 흐름에 따라 지나온 과정이지요. 생생한 여행 기록이 되려면 여정이 고스란히 드러나야 해요. 그렇다고 시간과 공간을 지나치게 작게 쪼개 쓸 필요는 없어요. 내용상 크게 구분되는 시간과 공간을 바탕으로 쓰면 되지요.

● **견문**

여행하면서 보고 듣고 경험한 내용을 뜻해요. 견문이 잘 담겨 있어야 읽는 사람에게 여행지에 대한 생생하고 구체적인 정보를 줄 수 있겠죠? 이처럼 여정이나 견문은 실제 경험한 내용을 과장하지 않고 사실적으로 써요.

● **감상**

정보만 빼곡한 글은 지루할 수 있어요. 그래서 글쓴이의 감상을 곁들여요. 감상은 여행한 곳에서 생각하거나 느낀 점이에요.

기행문의 짜임

여정·견문·감상 세 박자가 잘 어우러진 기행문을 써 볼까요?

- 첫 부분에는 여행을 하게 된 이유나 출발 당시 마음에 대해 써요.
- 중간에는 여행 과정에서 보고 들은 내용을 되도록 생생하고 구체적으로 표현해요. 여행지의 특색이 잘 전해지도록 그 지방의 전설을 곁들여 써도 좋아요. 내가 사는 곳과 그 지방의 모습을 비교해 보는 것도 좋아요. 새롭게 보고 들은 견문만 나열하기보다는 그것에 대한 감상도 함께 표현해요.
- 마지막에는 여행을 마치면서 든 생각과 느낌을 적어요. 똑같은 일을 경험해도 사람마다 생각과 느낌이 다르지요. 모두 멋있었다거나 가치 있었다는 등 감동을 일부러 꾸며 쓰는 것은 좋지 않아요. 기행문은 나만의 경험을 바탕으로 느낀 그대로 솔직히 쓰는 글이니까요.

형식은 자유롭게

기행문은 정해진 형식이 없어요. 쓰는 사람이 전하고 싶은 내용을 가장 잘 나타낼 수 있는 방법을 골라서 개성을 담아 쓸 수 있어요. 누군가에게 여행지의 경험을 전하는 편지 형식, 여행하면서 하루하루 보고 듣고 생각한 일을 적는 일기 형식, 답사 보고서 형식, 아는 사람에게 이야기하듯 쓰는 생활문 형식, 간결한 시 형식, 만화 형식도 얼마든지 가능해요.

전화와 메일이 있는데 왜 편지를 쓸까요?

요즘은 통신 기술의 발달로 아무리 먼 곳에 있어도 전화나 문자를 수시로 주고받을 수 있어요. 이런 시대에도 적어도 하루, 길게는 2~3일씩 걸려 전달되는 편지를 쓰는 사람들이 있어요. 왜일까요?

편지는 왜 감동적일까요

어버이날, 부모님께 '감사합니다'라는 문자 한 통을 보내는 것과 정성 들여 쓴 편지를 드리는 것에는 큰 차이가 있겠죠? 편지는 얼굴을 마주 보고 할 수 없는 속 깊은 이야기를 여러 번 곱씹어 쓰기 때문에 마음을 전하는 데 효과적이에요. 받는 사람은 보낸 사람이 편지를 쓰는 데 들인 시간과 정성에 큰 감동을 받게 되죠.

편지에 마음을 담아요

편지는 받는 대상이 정해져 있는 글이에요. 따라서 받는 이의 나이, 나와의 친분 관계에 따라 말씨를 다르게 써야지요. 예를 들어 웃어른께 편지를 쓸 때는 먼저 어른들의 안부를 여쭙고, 전할 내용을 높임법에 맞게 써요.

그런데 말하고 싶은 내용을 처음부터 꺼내는 건 부자연스럽고 어색하게 느껴져요. 편지글에는 일반적으로 자연스럽게 느껴지는 흐름이 있어요.

내용		짜임
할아버지께	…	받을 사람
쌀쌀한 가을 날씨에 건강은 어떠세요?	…	첫인사
저는 건강하게 학교 생활 잘 하고 있어요.	…	편지 쓰는 사람의 안부
할아버지께서 며칠 전에 보내 주신 동화책은 잘 받았어요. 책이 너무 재밌어서 이틀 만에 다 읽었어요. 할아버지는 어릴 적부터 저를 많이 아껴 주셨어요. 늘 제 생일에 선물을 보내 주셔서 감사합니다. 다음 주에 부모님과 함께 시골에 놀러 갈게요.	…	전하고 싶은 말
할아버지, 사랑해요.	…	끝인사
2016년 ○월 ○○일	…	쓴 날짜

우선 첫인사를 꼭 써요. 실제로 만난 것처럼요. 여기에 상대방의 건강, 가족과 친지의 안부 등을 진심 어린 말로 곁들여요. 자신과 자기 가족의 안부도 간단하게 적고요. 그러고 나서 본격적으로 내가 편지에서 꼭 하고 싶은 말을 써요. 편지를 쓰게 된 사연을 분명하고 알기 쉽게요. 전하고 싶은 말을 다 쓰고 나서는 간단한 끝인사를 쓰고 마지막에 날짜와 쓴 사람을 적습니다.

편지 봉투 쓰기

봉투를 잘못 쓰면 편지가 상대방에게 전달되지 않는 경우도 있어요. 그래서 편지글 못지않게 편지 봉투를 올바르게 쓰는 것도 중요해요. 보내는 사람의 이름·주소는 왼쪽 위편에, 받는 사람의 이름·주소는 오른쪽 아래편에 써요.

윗사람에게 보낼 때	친구나 아랫사람에게 보낼 때
보내는 사람 최현서 올림 경기도 부천시 원미구 계남로 ○○ 1 2 3 - 4 5 6	**보내는 사람** 최현서가 (보냄, 씀) 경기도 부천시 원미구 계남로 ○○ 1 2 3 - 4 5 6
받는 사람 김우형 선생님께 (귀하) 강원도 춘천시 지석로 ○○ 7 8 9 - 1 2 3	**받는 사람** 이정은에게 (앞) 강원도 춘천시 지석로 ○○ 7 8 9 - 1 2 3

매일 새로운 내용으로 일기를 쓸 수 있을까요

임진왜란 당시 이순신 장군이 7년에 걸쳐 쓴 『난중일기』는 국보 제76호로 지정될 만큼 뛰어난 기록문학으로 인정받고 있어요. 그런가 하면 제2차세계대전 당시 유대인 소녀가 쓴 『안네의 일기』는 지금까지 전 세계 사람들의 사랑을 받고 있어요. 한 사람의 일기에 이렇게 큰 가치가 있다니 정말 신기해요.

일기를 쓰면 좋은 점이 있을까요?

일기는 매일매일 하루 일과를 돌아보게 해 줘요. 잘못한 일이나 고민거리가 있으면 일기를 쓰면서 반성하고 생각을 정리해 해결해 나갈 수 있어요. '운동을 더 열심히 해야지', '앞으로는 동생과 다투지 않게 조심해야지' 하고 다짐할 수도 있고요.

일기는 기억 속에 잊힌 과거를 돌아보는 데도 도움이 돼요.

또 무엇보다 매일 자신의 생각을 표현하고 다듬어 가면서 글쓰기 실력도 좋아진답니다.

매일 쓰는 일기, 어떻게 쓸거리를 찾을까요

여러분은 일기 쓰기를 좋아하는 편인가요? 하루하루 똑같은 일상이라 일기 쓸 거리가 없다고요?

하루 중 즐거웠던 일, 슬펐던 일, 재밌던 일, 기분 나빴던 일 등 감정을 따라 내 하루를 되짚어 보세요. 또는 아침에 등교할 때 겪은 신기한 일, 교실에서 깜짝 놀랐던 일, 집에서 저녁 먹을 때 있었던 일 등 아침·점심·저녁 순으로 벌어진 일을 차례로 떠올려 봐도 좋아요. 그중 가장 기억에 남는 일을 쓸거리로 정하세요.

쓸거리를 정했으면 이제 내용을 써 볼까요? 먼저 누구와 언제 어디에서 어떤 일이 있었는지, 어떤 말과 행동을 했는지 떠올려 보세요. 이때, 경험한 사실만 쓰는 게 아니라 그것에 대한 내 생각이나 느낌을 자세히 써요. 일기는 누군가에게 보여 주기 위한 글이 아니기 때문에 내 생각과 느낌을 솔직하게 쓰는 게 가장 중요해요.

이렇게 해도 날마다 쓰는 일기가 못내 지겹다면? 자, 이제 일기 쓰는 다양한 방법을 알아볼까요?

학습일기	수업 시간에 배운 것에서 중요한 내용만 기억해서 쓰는 일기
관찰일기	사물·동물·식물·날씨 등을 관찰하고 쓰는 일기
견학일기	가족이나 친구들과 함께 새로운 장소를 찾아 돌아본 경험에 대해 쓰는 일기
조사일기	평소 궁금했던 것을 백과사전이나 인터넷 등에서 조사해 쓰는 일기
상상일기	재미난 상상을 바탕으로 동화처럼 쓰는 일기
독서일기	책을 읽고 책의 내용과 감상을 쓰는 일기
신문일기	신문에 난 기사나 사진을 오려 붙이고 그에 대한 자신의 생각이나 느낀 점을 쓰는 일기
기타	동시, 편지, 만화, 대화, 광고 형식으로 쓰는 일기

그리고 써서 완성하는 그림일기

① 하루 동안 있었던 일 중에서 무엇에 대해 쓰면 좋을까 생각해요.
② 제목을 쓰고 제목에 알맞은 내용을 써요.
③ 가장 중요한 내용을 그림으로 그려요. 크레파스, 색연필, 물감 등 다양한 재료를 사용해 보세요.

내 논설문으로 친구들을 설득할 수 있을까요?

이번 주 학급회의에서 제안할 내용을 글로 써 봤어요. 제 의견은 친한 친구끼리 한 모둠으로 앉자는 거예요. 그런데 다 쓴 글을 단짝에게 보여 주니 "오, 참신하고 강렬한 주장으로 시작했는데 전혀 설득력이 없어! 용두사미야!"라는 거예요. 제 글이 용 머리에 뱀 꼬리라니. 너무 자존심 상하는 거 있지요?

내 주장을 글로 펼쳐요

논설문은 주장을 논리적으로 증명해서 읽는 사람을 설득하는 글이에요. 주장이란 어떤 문제에 대한 입장과 생각이며, 근거는 주장을 뒷받침하는 내용이에요. 이 두 가지는 논설문에서 가장 중요한 핵심이에요. 근거가 주장을 잘 뒷받침하면 주장은 설득력을 얻을 수 있지요. 그래서 논설문을 쓸 때는 근거가 주장을 뒷받침할 만큼 적절한 것인지 판단하며 써야 해요.

친구가 "주장은 좋은데 설득력이 없다"고 지적한 것은, 주장을 뒷받침해 주는 근거가 부족하다는 뜻이라고 볼 수 있겠네요. 그럼 함께 짜임새 있고 근거도 탄탄한 논설문을 한번 써 볼까요?

서론, 본론, 결론의 짜임

논설문은 대개 서론, 본론, 결론의 짜임으로 일정한 형식이 있어요. 그럼 각 부분에는 어떤 내용이 들어갈까요? 자, 친한 친구들끼리 한 모둠으로 앉자고 제안하고 설득하는 글을 쓴다면?

- **서론** 주장을 펴게 된 문제 상황이 무엇인지 드러나는 부분이에요. 글쓴이가 논설문을 쓰게 된 이유를 알게 해 주지요.

  예시 "친하지 않은 친구랑 앉다 보니 싸움이 잦다."

- **본론** 주장을 뒷받침하는 근거를 드는 부분이에요. 이 부분은 가장 많은 분량을 차지할 정도로 중요해요. 다양한 조사 자료를 구체적인 근거로 들 수 있어요.

  예시 "이를 해결하려면 자리 배치 자율권을 학생들이 갖고 있어야 한다. 친한 친구들과 앉게 되면 짝 활동과 모둠 활동을 원활하게 할 수 있다. 이것은 반 전체의 학습 분위기에 좋은 영향을 줄 것이다. 실제로 지난번 자리 배치를 학생들이

한 결과 기말고사 반 평균이 2점 올라갔다."

- **결론** 글을 마무리하면서 글쓴이가 의견을 다시 한 번 정리하는 부분이에요.
  예시 "자율적인 자리 배치는 공부하기에 보다 좋은 환경을 조성할 수 있을 것이다."

본격적으로 논설문 쓰기

먼저 무엇에 대해 쓸지 주제를 정해야 해요. 평소 생활 주변에서 벌어지는 크고 작은 일들을 떠올려 보세요. 그곳에서 문제를 발견하고, 작은 문제라도 스스로 해결해 보려는 의지를 가진다면 저절로 주제가 떠오를 거예요.

주제를 정했으면 주장을 뒷받침하는 자료를 모아야 해요. 이때 자료가 타당한지, 내 주장을 뒷받침하는 데 정말 적합한지를 따져 봐야 해요. 신뢰할 만한 자료가 많을수록 설득력도 높아지니 되도록 다양한 자료를 모으고 분석해야겠죠?

다음으로는 서론, 본론, 결론에 들어갈 내용을 간단하게 적어 봐요. 그리고 이렇게 정리된 개요에 따라 글을 써요. 글을 다 쓰고 나서는 다시 읽어 보면서 고칠 부분이 있나 없나를 살펴요.

논설문을 잘 쓰려면 다른 사람의 논설문을 많이 읽어 보세요. 글쓴이의 주장과 근거가 타당한지 살펴보는 훈련이 되면 생각의 폭이 넓어져 보다 좋은 글을 쓸 수 있거든요.

독서 감상문, 꼭 틀에 맞춰 써야 하나요?

독서 감상문 쓰기가 지루해요. 줄거리 요약에 내용 감상……. 꼭 이렇게 똑같은 형식으로 써야 되는 걸까요?

독서 감상문을 꼭 써야 할까요

흠뻑 빠져들 만큼 흥미롭거나 감동적이고 오래도록 기억에 남는 책이 있어요. 이 느낌을 글로 쓰다 보면 책의 감동을 다시 맛볼 수 있어요. 또한 책의 내용을 더 깊이 생각할 수 있게 되지요. 사람의 기억력에는 한계가 있지만 이렇게 독서 감상문을 남겨 두면 한참 뒤에 찾아보며 다시금 독서 경험을 돌아볼 수 있어요.

독서 감상문을 다양하게 써 봐요

독서 감상문에 정해진 틀이 있는 것은 아니에요. 다만 여러분이 참고할 수 있는 여러 가지 형식이 있으니 같이 알아봐요.

형식	방법
독후감	우리가 가장 많이 쓰고 있는 줄글 형태의 글이에요.
일기	우리가 매일 쓰고 있는 일기장에 책을 읽고 느낀 점이나 생각을 써요.
동시	책을 읽고 난 후 생각이나 느낌을 짧고 재미있는 시로 표현해요.
편지	책에 나오는 주인공이나 글쓴이와 대화하듯 편지를 써요.
만화	책의 중요한 장면이나 감명 깊은 부분을 떠올려 그려요.
독서신문	신문 지면 형식 속에 책의 내용을 자세하고 다양하게 나타내요.
노래	책의 내용을 노래 가사로 만들어 봐요.

제안하는 글은 언제 필요한가요?

학교 운동장에 쓰레기가 잔뜩 널려 있을 때, 어떡해야 할까요? 이런 상황에서 어쩔 수 없다 생각하고 문제를 해결하지 않는다면 아마 내 생활이 많이 불편하고 주변 사람들도 힘들어지겠죠?

제안하는 글이 필요해요

주어진 문제를 더 나은 방향으로 해결하기 위해 의견을 내는 것을 '제안'이라고 해요. 제안은 설득과 달라요. 설득은 나와 입장이 다른 상대방을 나와 같은 입장이 되도록 이끄는 것이지만, 제안은 새로운 의견을 제시하는 것이지요.

 그럼 언제 제안이 필요할까요? 내가 생활하는 주변 상황을 떠올려 보고 문제가 되는 것을 찾아봐요. 집, 학교, 학원 등 자주 가는 장소에서 불편하다고 생각되는 문제가 있나요? 이렇게 바꾸면 지금보다 좋을 거라고 생각되는 것이 있나요?

 교실에서 누군가 잃어버린 물건들이 주인을 찾지 못하고 아무 데나 뒹굴고 있다고 해 보지요. 한번 문제를 해결할 수 있는 좋은 방법을 고민해 봐요. 그리고 문제를 해결하기 위해 누구에게 어떤 제안을 할지 생각해요.

 분실물이 아무렇게나 뒹굴고 있다면 친구들에게 "분실물함을 만들자"고 제안할 수 있겠지요. 왜 그런 생각을 했는지 까닭을 들어 이야기하면 내 제안이 더욱 효과적으로 전달될 수 있어요. 이런 내용을 담은 글이 바로 제안하는 글이에요.

제안하는 글의 짜임

 그럼 이제 제안하는 글을 쓰는 순서를 알아볼까요?
 제안하는 글은 크게 문제 상황을 서술하는 부분, 제안을 내놓는 부분, 까닭을 설명하는 부분으로 짜여져요.

● 문제 상황
 내가 느끼는 문제를 구체적으로 설명해 제안하는 이유가 잘 드러나도록 써요.

● **제안**

　제안을 본격적으로 써 나가요. 이때 문장 끝에 '……합시다', '……하면 좋겠습니다', '……하면 어떨까요?' 같은 표현을 사용하면 정중하게 부탁하는 느낌이 들어요. 그러고 나서 '왜냐하면', '그 까닭은', '……때문입니다' 등의 표현을 사용해 제안하는 까닭을 분명하고 자세하게 써요.

● **제목 붙이기**

　마지막으로 제목 속에 글의 핵심을 정리해 보세요. 많은 이가 제목만 보고도 흥미를 느껴 나의 제안에 관심을 갖고 글을 읽을 수 있도록 말이지요.

　이렇게 제안하는 글을 쓰면 많은 사람과 문제를 공유해 해결해 나갈 수 있어요. 학교 운동장에 쓰레기를 버리는 학생이 많을 때, 제안하는 글로 친구들을 잘 설득한다면 함께 깨끗한 운동장을 만들어 나갈 수 있어요. 이제 제안하는 글쓰기를 통해 내 주변의 작은 문제부터 해결해 보도록 해요.

나라마다 글씨 쓰는 방향이 다르다면서요?

책장 한구석에서 아주 낡은 책 한 권을 발견했어요. 누렇게 빛바랜 종이가 세월을 짐작하게 해요. 우리 할아버지께서 보시던 책이래요. 헉! 그런데 책을 펼친 순간 깜짝 놀랐어요. 세로로 줄줄이 늘어선 글씨들. 내 책과는 전혀 다르게 쓰여 있어요.

글씨 쓰는 방식이 달라요

지구상의 다양한 책들을 살펴보면 글씨를 써 나가는 방향이 다르다는 것을 알 수 있어요. 왼쪽에서 시작해 오른쪽으로 쓰는 글씨(좌횡서)도 있고, 이와는 반대로 오른쪽에서 시작해 왼쪽으로 써 나가는 글씨(우횡서)도 있습니다. 이것을 가로쓰기라고 하지요.

그런가 하면 위에서 아래로 써 내려가는 글씨도 있어요. 이것은

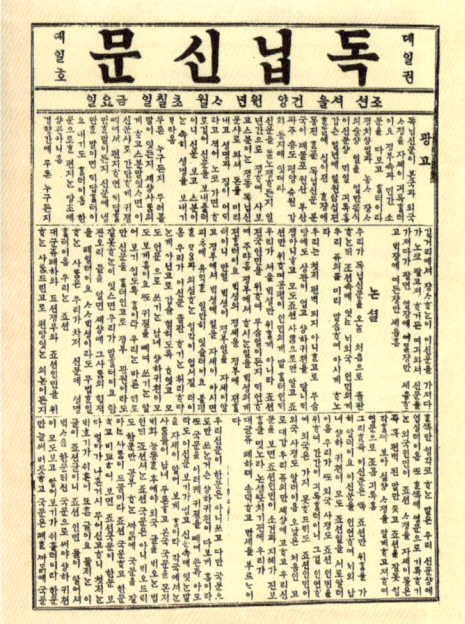

▲ 1896년 발행된 『독립신문』이에요. 이 당시에는 우횡서·우종서를 모두 사용했나 봐요. 보세요. 신문 위쪽에 제호(제목)와 발행일은 우횡서로, 그 아래 이어지는 광고와 논설은 우종서로 쓰여 있어요.

세로쓰기라고 부릅니다. 종이 왼쪽 위에서 쓰기 시작해 한 글자 한 글자 아래로 내려 쓰는데, 한 줄이 꽉 차면 오른쪽으로 넘어가 아래로 내려 씁니다.(좌종서) 종이 오른쪽에서 쓰기 시작하는 세로쓰기 방법도 있어요. 종이 오른쪽에서 내려 쓰기 시작해 한 줄이 꽉 차면 왼쪽으로 넘어가 이어서 내려 쓴답니다.(우종서)

가로쓰기 하는 나라, 세로쓰기 하는 나라

옛날부터 한국을 비롯해 일본·중국·베트남 등 한자를 사용한 나라에서는 세로쓰기를 했어요. 우리나라의 경우, 선비들이 보던 책이나 훈민정음을 보면 알 수 있지요. 현판같이 길고 납작한 바탕에는 오른쪽에서 시작하는 가로쓰기를 사용하기도 했지만 글자가 빼곡한 문서는 세로쓰기가 일반적이었어요.

그러던 것이 광복 이후부터는 근대화의 영향으로 지금처럼 왼쪽에서 시작해 가로 방향으로 쓰는 가로쓰기 방식이 자리를 잡아 갔어요. 서양 여러 나라들은 원래부터 왼쪽에서 시작하는 가로쓰기를 했는데 그 영향을 받은 것이지요. 최근에는 영어와 컴퓨터의 영향으로 대부분의 나라에서 좌횡서 가로쓰기를 하고 있지만 아랍 문자를 쓰는 중동 나라들은 오른쪽에서 시작하는 가로쓰기를 해요.

우리나라에서 지금도 세로쓰기를 하는 경우

신문의 경우, 계속 세로쓰기를 하다가 1990년대에 들어서야 지금처럼 가로쓰기를 하기 시작했어요. 영화관에서 외국 영화를 상영할 때는 어땠을까요? 2000년대 초반까지 세로쓰기를 썼어요. 붓글씨로 글씨를 쓰는 서예는 아직도 세로쓰기를 많이 사용한답니다. 책이 책장에 바로 꽂혀 있을 때 보이는 책등 부분에도 세로쓰기가 자주 쓰이지요.

글씨를 잘 쓰려면 어떤 연습을 해야 하나요?

진석이는 가게에 가기 전에 심부름 내용을 잊지 않기 위해 목록을 적었어요. 그런데 진석이가 쓴 글씨를 본 가게 아저씨가 고개를 갸우뚱거리시네요. "도대체 뭐라고 쓴 글씨냐?" 워낙 글씨를 엉망으로 쓴 터라 도저히 읽을 수가 없었던 것이지요.

글씨를 바르게 써요

나만 알아볼 수 있는 글씨로 글을 쓰면 어떨까요? 진석이처럼 심부름을 제대로 못할 수도 있고, 부모님께서 내가 쓴 알림장 내용을 이해하지 못하실 수도 있어요. 시험지에 답을 올바로 썼더라도 틀린 것처럼 보일 수 있고요.

　요즘에는 손으로 글씨를 쓰기보다는 컴퓨터로 타자를 친 글을 그대로 출력해 사용하는 경우가 많지요. 그래서 글씨 쓰기 자체에 관심이 없는 사람들도 많아요.

　하지만 글씨 쓰기는 우리 어린이들에게 꼭 필요한 훈련이에요. 먼저 연필을 쥐고 글씨를 쓰는 손가락 운동이 두뇌 발달을 도와 줘요. 또 대충 빨리 쓰고 싶은 마음을 누르며 한 글자씩 정성 들여 쓰는 과정에서 인내심과 책임감이 길러지기도 해요. 글씨를 지우고 쓰는 과정을 반복하면 생각과 행동을 정리하는 능력도 기를 수 있답니다.

바른 자세에서 예쁜 글씨가 나와요

글씨를 바르게 쓸 수 있는 좋은 자세에 대해 알아봐요.

- 하나, 의자를 책상 쪽으로 끌어당기고 앉아요. 이때 등과 허리는 의자에 붙이고 책상과 배 사이에는 주먹 한 개가 들어갈 만한 공간만 남겨요.
- 둘, 허리를 쭉 펴요. 허리가 구부정하면 안 되겠죠?
- 셋, 두 발은 흔들거리지 않아요. 바닥에 나란히 닿도록 해요.
- 넷, 고개는 앞으로 많이 숙이지 않아요.
- 다섯, 글씨를 쓰지 않는 반대편 손으로는 공책이 움직이지 않게 살짝 눌러 줘요.

연필을 바르게 잡아요

글씨를 바르고 예쁘게 쓰기 위해서는 좋은 자세와 함께 연필을 바르게 잡는 법을 알아야 해요.

- 먼저 엄지손가락과 집게손가락을 둥글게 해 연필을 잡아요.
- 가운뎃손가락으로는 연필을 받쳐 연필이 흔들거리지 않게 한답니다.
- 연필을 너무 꽉 쥐지 마세요. 손이 아파서 글씨를 쓸 때 매우 불편해지거든요.
- 연필을 곧게 세우거나 너무 눕혀 잡지 마세요. 연필과 공책은 30°가량 각도를 유지하면 좋아요.
- 연필을 너무 올려 잡거나, 내려 잡아도 안 되지요. 연필심으로부터 3cm가량 떨어진 곳을 잡고 글씨를 쓰면 된답니다.
- 연필을 잡지 않은 다른 손으로 종이가 움직이지 않게 살짝 눌러 줘요.

글씨에는 쓰는 사람의 인격이 담겨 있다고 하지요? 꾸준히 연습하다 보면 나도 모르게 글씨 쓰기 왕이 되어 있을지도 몰라요. 자, 사진처럼 우리도 한번 따라해 볼까요?

다음은 글씨 쓰는 바른 자세를 설명해 놓은 것입니다. 이 중 올바른 것은 O, 틀린 것은 X 표시를 해 보세요.

① 연필은 공책에 가깝게 연필심이 있는 곳을 잡아요.(   )
② 가운뎃손가락과 넷째손가락 사이에 연필을 잡아요.(   )
③ 허리를 펴고 바른 자세로 앉아요.(   )
④ 붓글씨를 쓸 때처럼 연필을 꼿꼿하게 세워요.(   )
⑤ 글씨를 쓰지 않는 손으로 공책을 살짝 눌러 줘요.(   )

● 정답은 340쪽에서

왜 동요 가사에는 소리나 동작을 흉내 내는 말이 많죠?

'토실토실 아기 돼지- 젖 달라고 꿀꿀꿀', '사과 같은 내 얼굴 예쁘기도 하지요- 눈도 반짝 코도 반짝 입도 반짝반짝'……. 동요 가사를 살펴보면 '토실토실', '꿀꿀꿀', '반짝반짝' 같은 말이 자주 나와요. 왜일까요?

의성어와 의태어가 살아 있는 한국어

흉내 내는 말을 사용하면 소리는 더 생생하게 모양은 더 실감 나게 느껴져요. 그래서 어린 아기들도 흉내 내는 말이 들어간 동요나 책을 아주 좋아해요. 한국어는 다른 어떤 언어보다도 의성어와 의태어가 발달돼 있다고 해요.

'꿀꿀꿀'처럼 사물의 소리를 흉내 내는 말을 의성어라고 해요. 쨱쨱, 삐뽀삐뽀, 딸랑딸랑, 멍멍, 탕탕, 빵빵, 쨍그랑, 부르릉부르릉, 개굴개굴, 윙윙, 꽥꽥, 아삭, 껄껄······. 우리말에는 의성어가 셀 수 없을 정도로 많죠.

그렇다면 '토실토실'은 뭘까요? 이처럼 사물의 모습이나 움직임을 흉내 내는 말은 의태어라고 해요. 아장아장, 꼬불꼬불, 데굴데굴, 폴짝폴짝, 살랑살랑, 흔들흔들, 한들한들, 훨훨, 방긋, 푹, 우뚝······. 모두 의태어지요.

영어 동요에도 의성어가 종종 나와요. 그런데 똑같이 돼지를 흉내 내는 부분이라도 소리 내는 것은 우리나라와 다른 경우가 많아요. 언어에 따라 의성어, 의태어가 다르게 나타는 것이지요.

예시 언어별로 다른 의성어

	한국어	영어
돼지 울음소리	꿀꿀	oink (오잉크)
소의 울음소리	음메	moo (무)

예시 언어별로 다른 의태어

	한국어	일본어
구르는 모양	데굴데굴	ごろごろ (고로고로)
부풀거나 들뜬 모양	푹신푹신	ふあふあ (후아후아)

반복해서 쓰기도 해요

의성어, 의태어는 상황에 따라 단독형으로 쓰기도 하고 반복형으로 쓰기도 해요. 단독형이란 한 번 일어난 행동이나 상태를 나타낼 때 쓰는 유형이에요. 반복형이란 같은 행동이 지속적으로 나타날 때나 소리나 모양을 강조할 때 쓰는 유형이에요.

- 단독형

  예시 눈물이 뚝 떨어진다.

- 반복형

  예시 눈물이 뚝뚝 떨어진다.

글을 쓴 후 꼭 다시 읽어 봐야 하는 이유는?

"나 보기가 역겨워 가실 때에는, 말없이 고이 보내 드리오리다……." 김소월은 「진달래꽃」이라는 시 한 편을 고치는 데 3년이 걸렸대요. 아무리 좋은 시라고는 하지만 3년이나 걸린 건 왜인가요?

글다듬기가 필요한 이유

글을 완성한 직후 우리들 대부분은 대단히 만족해 합니다. 그토록 멋진 글을 쓴 자신이 자랑스럽게 느껴지기도 하지요. 하지만 몇

분만 지나고 다시 읽어 보면 자랑스러움이 곧장 부끄러움으로 바뀌기도 합니다. 글을 쓰는 동안에는 미처 몰랐던 허술한 구석들이 뒤늦게 눈에 보이기 시작하거든요.

맞춤법 틀린 것은 기본이고, '있다'와 '있습니다'를 함께 쓰는 등 서술어가 뒤섞일 때도 있고, 앞뒤 연결이 안 되는 쓸데없는 내용이 들어 있기도 하지요. 심지어 중요한 내용이 빠진 경우도 있고요. 이 때문에 글다듬기 과정은 꼭 필요해요.

너무 실망할 필요는 없어요. 아주 유명한 작가들도 수십 번, 수백 번 글을 다듬거든요. 『노인과 바다』를 쓴 소설가 헤밍웨이는 그 책을 완성하기까지 무려 200번이나 고쳐 썼고요, 「진달래꽃」이라는 시로 유명한 시인 김소월도 이 시 한 편을 3년 동안이나 고쳐 썼으니까요.

글다듬기의 방법

다음 세 가지 원칙을 지키면 글을 효율적으로 다듬을 수 있어요.

- 부족한 부분이나 빠진 부분을 보충한다.
- 불필요한 부분이나 과장이 심한 부분, 또는 잘못된 표현이나 문장을 바르게 고친다.
- 내 생각을 잘 드러낼 수 있도록 글의 순서를 바꿔 재구성한다.

글을 다듬을 때는 먼저 내가 하고 싶었던 말이 제대로 나타나 있는지를 검토해요. 문단과 문단은 잘 연결되는지, 재미있고 쉬운 말로 잘 쓰여졌는지, 어떤 문장이 유독 길지 않은지 살펴봐요. 맞춤법과 띄어쓰기가 바르게 되어 있는지도 확인해 봐야겠죠?

여기까지 살펴보고 글을 다듬었다면 이번에는 소리 내 읽어 봐요. 소리 내 읽다 보면 그동안 찾지 못했던 부분이 새롭게 드러나기도 하거든요.

다른 사람 도움 받기

다른 친구나 선생님께 내 글을 읽어 보게 하고 조언을 듣는 것도 좋은 방법이랍니다. 돌려 읽다 보면 혼자서는 보지 못했던 점을 발견할 수 있어요.

이때, 글을 읽는 사람들은 눈에 불을 켜고 잘못된 부분 찾기에만 몰두해서는 안 된답니다. 그 글이 지닌 진짜 가치를 몰라볼 수도 있거든요. 또 내 글과는 다른 그 친구 글만의 개성을 인정하지 않게 될 수도 있고요. 가능하면 열린 마음으로 글을 읽고 진심을 담아 조언해야겠지요.

글을 쓴 사람은 친구들이 내 글의 잘못된 부분을 찾았다고 너무 기분 나빠 해서는 안 되지요. 조언을 부탁한 의미가 없으니까요. 내가 판단하기에 귀담아 들을 내용이 있다면 넓은 마음으로 조언을 받아들일 필요가 있겠지요.

문을 밀까, 두드릴까?

글을 고치고 다듬는 과정을 '퇴고(推敲)'라고 하지요. 이 말의 유래를 알아볼까요?

중국 당나라 때, 가도라는 시인이 있었어요. 어느 날 가도가 당나귀를 타고 가다가 멋진 시 한 수가 떠올랐어요.
"조숙지변수 승퇴월하문(鳥宿池邊樹 僧推月下門)"
'새는 연못가 나무에 자고 스님은 달 아래 문을 민다'라는 뜻이었지요.
그런데 가도는 '달 아래 문을 민다(推, 밀 퇴)'를 '달 아래 문을 두드린다(敲, 두드릴 고)'로 고치면 어떨까 하는 생각이 들었어요. 이렇게 고민하던 중 우연히 최고의 문장가로 알려져 있던 한유(韓愈)와 만났답니다. 가도의 사정을 들은 한유는 이렇게 말했어요.
"내 보기엔 '퇴'보다는 '고'가 나을 것 같소!"

이때부터 사람들은 글을 고쳐 쓰는 것을 '퇴고'라고 부르기 시작했답니다.

원고지는 어떻게 쓰는 건가요?

독서 감상문을 쓰기 위해 원고지를 펼쳤어요. 빼곡히 그려진 네모 칸들을 볼 때마다 헷갈려요. 제목은 어디에 쓰고, 이름은 또 어디에 써야 하죠?

첫머리는 이렇게

원고지 1행은 한 칸을 비우고 글의 종류를 써요. 2행은 제목을 써요. 제목은 행 가운데 맞춰 쓰되 제목 끝에는 문장부호를 사용하지 않아요. 부제가 있는 경우, 제목 다음 행 가운데에 써요. 부제 양 끝엔 줄표를 넣어 제목과 구분해 줘요. 3행에 학교, 4행에 학년·반·이름을 적어요. 답답해 보이지 않도록 오른쪽 한두 칸을 비우고 적어요.

```
( 독 서   감 상 문 )                          → 글 종류
      최고의   이야기꾼을   찾아서
      - '이야기꾼의   비밀'을   읽고 -         → 부제
                    하늘숲   초등학교          → 학교
                4학년   3반   윤희영           → 학년·반·이름
```

본문은 이렇게

본문은 첫머리와 구분하기 위해 한 행을 비워 두고 다음 행부터 써요. 새로운 문단이 시작될 때는 행을 바꾼 후 첫 칸을 비우고 써요.

```
( 독 서   감 상 문 )
      최고의   이야기꾼을   찾아서
      - '이야기꾼의   비밀'을   읽고 -
                    하늘숲   초등학교
                4학년   3반   윤희영

제  꿈은   동화작가입니다.  이런   꿈을      → 본문 시작
꾸게  된  것은  다  타고난  이야기꾼인
제  외할머니  영향입니다.
  그런데  최근  읽은  동화책  속에는  제    → 새로운 문단
```

한글은 원고지 한 칸에 한 자씩 써요. 아라비아 숫자, 알파벳 대문자, 로마 숫자 등은 한 칸에 한 자씩 써요. 알파벳 소문자, 두 자 이상의 아라비아 숫자는 한 칸에 두 자씩 써요.

K	O	R	E	A									
3	·	1		운	동								
20	16	년		3	월		2	일					
H	ow		ar	e		yo	u	?					

→ 알파벳 대문자
→ 아라비아 숫자
→ 두 자리 숫자
→ 대문자와 소문자

이럴 때는 어떻게

● **글 중간에 대화문이 등장할 때**

칸이 많이 남더라도 무조건 행을 바꿔요. 앞 한 칸을 비운 다음 두 번째 칸에 따옴표를 넣고 세 번째 칸부터 쓰기 시작하지요. 대화문이 길어져 한 줄에 다 채워지지 않을 경우에는 행을 바꿔 다음 행에 이어서 써요. 이때, 한 칸을 반드시 띄고 따옴표 바로 아래 칸에 이어 써야 한답니다.

● **문장부호를 쓸 때**

문장부호는 한 칸에 하나씩 쓰는데, 말줄임표는 두 칸에 걸쳐 써요. 물음표와 느낌표 뒤에는 다음 칸을 비우는 게 원칙이나, 바로 뒤에 따옴표가 있을 경우에는 다음 칸을 비우지 않고 바로 따옴표를 써요. 반점(,) 온점(.) 쌍점(:) 쌍반점(;) 등은 다음 칸을 비우지 않아요.

행 마지막 부분에 문장부호를 쓸 칸이 없을 때는 글자와 함께 넣거나 오른쪽 여백에 써요.

	민	수 의		말 에		억	삼	이 가		어 이 없 다 는		듯		
피	식		웃 었 다	.										

→ 대화글
→ 느낌표
→ 물음표
→ 말 줄임표·여백 사용
→ 반점

다른 나라 사람들도 원고지를 사용할까요?

우리나라를 비롯해 일본·중국 등 한자 문화권에서 원고지를 사용해요. 문자가 사각형 모양이기 때문에 원고지 한 칸에 쓰기가 좋거든요. 하지만 서양에서는 원고지를 사용하지 않는답니다.

063

틀린 글자, 지우지 않고 고치는 방법이 있나요?

와, 이리 봐도 저리 봐도 정말 잘 쓴 글이에요. 역시 저는 글쓰기에 소질이 있나 봐요. 그런데 한 가지 아쉬운 점이 있어요. 중간에 쓴 문장을 하나 지우고 싶어요. 그다음에 오는 내용까지 지우고 새로 쓰기는 너무 번거로울 것 같아요. 좋은 방법이 없을까요?

지우지 않고도 고칠 수 있는 신기한 방법

    지우개로 쓱싹쓱싹 지우지 않고도 글자나 문장을 고칠 수 있는 방법이 있어요. 바로 교정부호를 사용하는 방법이랍니다. 교정부호는 잘못 쓴 부분을 바로잡기 위해 사람들끼리 한 약속이에요.

교정부호	이럴 때 사용해요	이렇게 쓰지요
∨	띄어 써야 할 곳을 붙여 썼을 때	학교에갑니다.
⌒	붙여 써야 할 곳을 띄어 썼을 때	가만히 놓았 습니다.
⦿	필요 없는 글자를 없앨 때	너무 너무 좋아서
∨	글자를 바꿀 때	신나는 체율 시간
‿	여러 글자를 고칠 때	과자를 굽기 시작했습아다.
∽	글자나 단어 앞뒤 순서를 바꿀 때	오늘은 하지만
⌐	오른쪽으로 한 칸 옮길 때	아직 도착하지 못했니?
⌐	왼쪽으로 한 칸 옮길 때	우유를 먹자.
⌐	줄을 바꿀 때	"나랑 놀자!"은수가 말했다.
↩	줄을 이을 때	헤어지는 것이 싫었다. 그래도 나는

교정부호에 대해 이 정도 지식만 있다면 틀린 부분을 어렵지 않게 고칠 수 있을 거예요. 모두 지웠다가 처음부터 다시 쓰는 번거로움도 줄어들 것이고요.

이렇게 사용해요

문법

언어란 무엇인가요?

이것은 들리는 것도 있고, 보이는 것도 있대요. 전 세계에는 약 3,000여 종의 이것이 있대요. 이것은 과연 무엇일까요?

생각과 감정을 표현하는 도구

'언어'란, 생각과 감정을 표현하는 기호 중 하나예요. 말소리나 문자, 몸짓도 언어라고 할 수 있지요. 인간의 언어는 다른 동물의 언어와 달리 매우 복잡하고 섬세하다고 알려져 있어요. 동물 중에서 뛰어난 두뇌를 가지고 있다고 손꼽히는 침팬지에게 인간의 언어를 가르치려고 했지만 실패했지요. 인간은 어렸을 때 주변 사람들이 언어를 사용하는 모습을 보고 자연스럽게 따라하며 언어를 배우지요.

들리는 언어, 보이는 언어

언어에는 들을 수 있는 '음성언어'와 볼 수 있는 '문자언어'가 있어요. 음성언어는 약 30만 년 전 인류가 목소리로 의사소통하면서 시작됐고, 이후에 그림을 응용한 문자언어(상형문자)가 생겨났답니다. 최초의 문자언어는 표현하고자 하는 대상을 그림으로 간단히 표현한 것이었어요.

● 음성언어

음성언어는 소리로 이뤄진 '말'이에요. 소리는 입 밖으로 나오는 동시에 사라져 버리는 특성이 있어요. 소리라는 그릇은 사라지고 의미만 남지요. 그런가 하면 이미 나온 소리는 다시 담을 수 없어요. 그렇기 때문에 말을 할 때는 신중해야 하지요. 말을 하면서 상대방의 반응을 동시에 살필 수 있다는 점은 음성언어의 장점이에요.

● 문자언어

문자언어는 눈에 보이는 기호인 글로 표현할 수 있어요. 따라서 오래도록 머물 수 있지요. 내용을 썼다가 다시 지울 수 있기도 하고, 멀리 있는 사람에게 내용을 전할 수 있다는 좋은 점도 있어요.

우리가 저 먼 옛날 사람들의 삶을 알 수 있는 가장 큰 이유는 역사가 문자로 기록돼 전해졌기 때문이에요.

다른 동물에게도 언어가 있을까요

동물들도 생각과 감정을 표현해요. 먹이를 발견한 꿀벌이 동료에게 먹이 위치를 알리기 위해 빙글 돌며 원형 춤을 추는 것, 코끼리가 식구들에게 위험을 알리기 위해 발을 쿵쿵 구르는 것, 수컷 거미가 암컷 거미에게 적이 아니라는 것을 알리기 위해 거미줄을 두드리는 것 등이 여기에 해당되지요.

특히 긴팔원숭이는 처한 상황에 따라 다양한 울음소리를 사용하는 것으로 알려져 있어요. 표범이 나타났을 때는 '컹컹' 개 짖는 소리를, 뱀이 나타났을 때는 '찍찍' 쥐 울음소리를 내 동료들에게 구체적인 방법으로 위험을 알린답니다.

이처럼 동물들에게도 다양한 의사소통 방식이 있어요. 하지만 학자들은 고도로 발달된 신호 체계인 인간의 언어와는 다르다고 주장해요.

▲ 흰손긴팔원숭이예요. 이 원숭이들은 높은 소리를 낼 때 소프라노 가수들처럼 섬세한 꾸밈음을 낼 수 있대요. 동물들의 음성 신호는 우리가 알고 있는 것보다 훨씬 섬세하고 다채로워요.

사과를 방귀라고 부르면 안 될까요?

『프린들 주세요』라는 책을 보면, 재미있는 이야기가 나와요. 한 아이가 볼펜을 프린들이라 부르기 시작해요. 처음에는 그게 뭔지 몰랐던 사람들도 '프린들'이라는 단어가 학교에 유행처럼 번지자 그 단어를 볼펜으로 이해하게 돼요. 동네 문방구 아저씨조차도 '프린들 주세요!'라는 말에 당연히 '볼펜'을 건넬 정도로요. 이런 일이 정말 가능할까요?

언어는 사람들끼리의 약속

우리가 어울려 살기 위해서는 언어가 필요해요. 언어는 생각이나 감정을 효과적으로 표현할 수 있게 해 주는 좋은 도구지요.

한데 똑같은 물건을 사람마다 다르게 말한다면 어떨까요? 아마 전혀 의사소통이 되지 않을 거예요. 그래서 같은 언어를 사용하는 한 집단에서는 서로 약속을 한답니다.

예컨대 나무에 달린 빨간 열매로, 아삭하고 달콤한 맛을 내는 과일은 다 같이 '사과'로 부르자고 말이에요. 만약 한 사람이라도 이 약속을 지키지 않고 '사과'를 자기 마음대로 '방귀'라고 바꾸어 부른다면 우린 그 사람과 대화할 수 없을 거예요. 이것을 '언어의 사회성'이라고 한답니다.

소리와 의미의 우연한 만남

말소리와 의미는 우연히 만나 합쳐져요. 어떤 특별한 법칙에 따라 만난 것이 아니지요. '사탕'이 'ㅅ ㅏ ㅌ ㅏ ㅇ'이라는 글자와 '설탕으로 만든 달콤하고 딱딱한 음식'이라는 의미가 만나 하나의 단어가 된 것처럼요.

또 다른 예를 들어 볼까요? 한국어로는 '안녕하세요', 영어로는 '헬로(hello)', 독일어로는 '구텐탁(guten tag)'이라고 인사하지요. 언어마다 다른 소리로 같은 뜻을 전해요. 이처럼 말소리와 의미는 우연히 만난 것이랍니다. 이것을 '언어의 자의성'이라고 해요.

시대에 따라 변하는 것

조선 시대 세종이 집현전 학자들과 훈민정음을 만들 때 한글 자모는 총 28자였어요. 하지만 이 중에서 'ㅿ(반치음), ㆁ(꼭지 이응), ㆆ(여린 히읗), ㆍ(아래 아)'는 잘 사용되지 않아 오늘날에는 찾아볼 수 없게 됐지요. 이처럼 언어는 사용하지 않으면 없어진답니다.

반면 '컴퓨터'나 '휴대폰'처럼 세종 시대에는 없었지만 현대에 새로 생겨난 것들도 있어요. 그런가 하면 시간이 흘러 의미가 변한 언어도 있지요.

내 이를 윙ㅎ야 어엿비 너겨 새로 스믈여듧 쫑(字)를 밍ㄱ노니

이 문장은 『훈민정음』 서문의 일부예요. 여기에서 '어엿비'는 오늘날의 '예쁘다(어여쁘다)'와 비슷해 보이지만, 전혀 다른 의미를 지닌 말이에요. 이 당시 '어엿비'는 '불쌍하게'라는 뜻이지요. 이처럼 언어는 항상 같은 뜻으로 고정돼 있지 않고 시대에 따라 바뀌기도 한답니다. 이를 '언어의 역사성'이라고 해요.

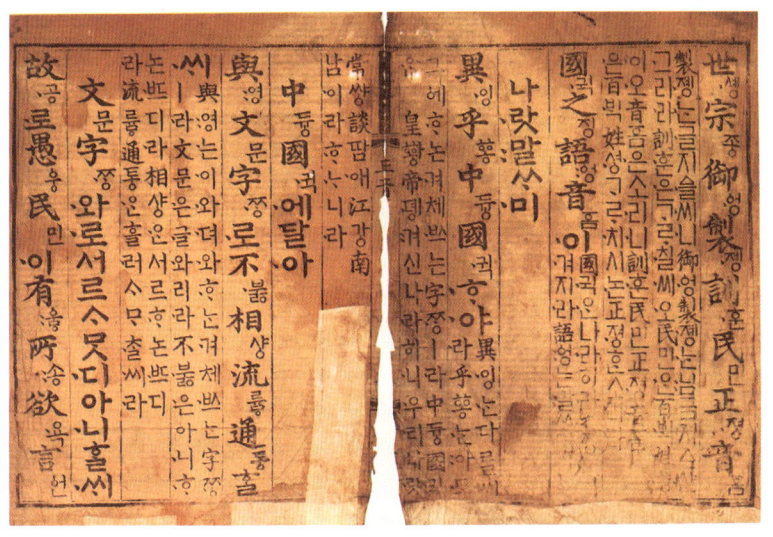

▲ 『훈민정음』. 세종 시대 한글의 이름은? 네, 훈민정음이지요. 그리고 한글을 만든 이유와 원리를 설명한 이 책의 제목도 훈민정음이랍니다.

규칙을 지닌 성질

언어에는 그 나름의 일정한 규칙이 있어요. '나는 빵을 좋아한다'는 말이 되지만, '나는 좋아한다 빵을'은 어색하게 들리지요. 우리말은 '주어+목적어+서술어' 순서로 사용하는 것이 일반적이거든요. 이러한 특성을 '언어의 법칙성'이라 하지요.

세상을 쪼개고 생각을 지배하는 언어의 힘

나라별로 무지개에 대해 다르게 말한다는 사실, 알고 있나요? 오늘날 우리나라 사람들은 무지개에서 '빨·주·노·초·파·남·보' 7가지 색을 보지요. 하지만 멕시코 원주민은 5가지, 아프리카 원주민은 지역별로 2가지 또는 4가지를 무지개 색으로 말한대요.

이를 '언어의 분절성'이라고 해요. 어떤 사물의 마디를 나누는 것을 '분절'이라고 해요. 무지개에 색깔별로 마디가 정확히 나누어져 있나요? 그렇지 않지요? 그런데 언어는 마치 빨강 마디 주황 마디가 분명한 것처럼 표현해요. 이런 표현을 사용하는 사람들은 또 자기도 모르게 무지개 색은 마디가 나뉘어 있다고 믿지요. 이처럼 언어는 그 언어를 사용하는 사람들의 생각에까지 큰 영향을 미쳐요.

세종은 왜 한글을 만들었나요?

한글 전에는 사용하는 글자가 없었나요? 있다면 왜 부러 한글을 만든 걸까요? 글자를 새로 익히는 건 귀찮고 힘든 일일 텐데요.

입과 혀의 모양을 닮은 글자

예부터 우리나라는 말만 있고 글자가 없었기 때문에 중국어 글자인 한자를 사용했어요. 하지만 3만여 개에 달하는 한자를 익혀서 쓰기는 결코 쉬운 일이 아니었어요. 백성 대부분은 글을 배울 시간도 없이 생계를 꾸리기에 바빴거든요.

이에 세종과 여러 학자들은 사람의 발음기관인 입과 혀 모양을 본떠 문자로 만들었어요. 이것이 '훈민정음(訓民正音)'입니다. 한자를 풀어쓰면 '백성을 가르치는 올바른 소리'라는 뜻이지요. 후에 주시경 선생님께서 큰(위대한) 글이라는 뜻에서 '한글'이라고 이름 붙였지요.

자음과 모음

훈민정음을 만들 당시에는 자음 17자, 모음 11자로 모두 28자였어요. 하지만 [ㅿ](반치음), [ㆁ](꼭지 이응), [ㆆ](여린 히읗), [ㆍ](아래 아)가 사라진 오늘날에는 자음 14자, 모음 10자로 모두 24자를 쓰고 있어요. 순서와 이름은 다음과 같아요.

자음
ㄱ(기역), ㄴ(니은), ㄷ(디귿), ㄹ(리을), ㅁ(미음), ㅂ(비읍), ㅅ(시옷), ㅇ(이응), ㅈ(지읒), ㅊ(치읓), ㅋ(키읔), ㅌ(티읕), ㅍ(피읖), ㅎ(히읗)
모음
ㅏ(아), ㅑ(야), ㅓ(어), ㅕ(여), ㅗ(오), ㅛ(요), ㅜ(우), ㅠ(유), ㅡ(으), ㅣ(이)
쌍자음
ㄲ(쌍기역), ㄸ(쌍디귿), ㅃ(쌍비읍), ㅆ(쌍시옷), ㅉ(쌍지읒)
이중모음
ㅐ(애), ㅒ(얘), ㅔ(에), ㅖ(예), ㅘ(와), ㅙ(왜), ㅚ(외), ㅝ(워), ㅞ(웨), ㅟ(위), ㅢ(의)

누가 내 이름을 잘못 부른다면 기분이 어떨까요? 한글도 마찬가지랍니다. 우리 글자의 자음과 모음 명칭을 정확하게 알고 불러 주도록 해요.

자모 24자로 만드는 11,172가지 글자

한글은 자음 14자와 모음 10자가 만나서 글자를 이뤄요. 이 자음과 모음 24자가 짜인 순서에 따라, 또 소리 나는 순서에 따라 첫소리·가운뎃소리·끝소리라고 구별해요. 첫소리는 자음, 가운뎃소리는 모음, 끝소리는 홑받침이나 겹받침이 들어가요.

강	ㄱ	… ▶	첫소리	**자음** ㄱ ㄴ ㄷ ㄹ ㅁ ㅂ ㅅ ㅇ ㅈ ㅊ ㅋ ㅌ ㅍ ㅎ ㄲ ㄸ ㅃ ㅆ ㅉ (19개)
	ㅏ	… ▶	가운뎃소리	**모음** ㅏ ㅑ ㅓ ㅕ ㅗ ㅛ ㅜ ㅠ ㅡ ㅣ ㅐ ㅒ ㅔ ㅖ ㅘ ㅙ ㅚ ㅝ ㅞ ㅟ ㅢ (21개)
	ㅇ	… ▶	끝소리	**홑받침** ㄱ ㄴ ㄷ ㄹ ㅁ ㅂ ㅅ ㅇ ㅈ ㅊ ㅋ ㅌ ㅍ ㅎ ㄲ ㅆ (16개) **겹받침** ㄳ ㄵ ㄶ ㄺ ㄻ ㄼ ㄽ ㄾ ㄿ ㅀ ㅄ (11개)

위와 같은 원리로 만들어 낼 수 있는 글자 수가 무려 11,172가지나 된다니 정말 놀랍죠?

한글이 가진 기록과 이야기

세계에는 약 6,900여 개의 언어가 있는데 그중에서 문자를 가지고 있는 언어는 100여 개 정도예요. 즉, 입과 귀를 통해 의사소통하는 음성언어는 6,900여 개나 되는데, 말에 담긴 내용을 상징하는 부호인 문자언어는 100여 개밖에 안 되는 것이지요.

그중에서 누가 만들었는지 알려져 있는 문자로는 한글, 거란 문자, 파스파 문자, 만주 문자, 체로키 문자 등이 있어요. 이 중에서 지금까지 많은 사람들이 일상에서 사용하고 있는 문자는 한글이 거의 유일하다고 할 수 있어요. 한글이 가진 기록을 살펴볼까요?

- 우리나라 국보 70호이며 세계기록유산이에요.
- 유네스코는 매해 세종이 한글을 창제한 뜻을 기려, '세종대왕 문해상'을 시상해요. 글을 읽고 쓸 줄 모르는 사람들을 도와 문자를 이해하고 사용할 수 있도록 노력한 이들에게 주는 상이에요.
- 2012년 10월 태국 방콕에서 열린 제2차 세계문자올림픽에서 한글이 2년 연속 금메달을 수상했어요!
- 인터넷 매체를 이용한 정보 전달 능력도 세계 최고라고 하지요. 예를 들어 휴대전화로 문자를 보낼 때 어떨까요? 한글로 5초면 되는 문장을 한자(중국 문자), 가나(일본 문자)로 쓰면 35초 정도 걸린다고 해요.

한 나라에서 왜 각기 다른 말을 쓸까요?

잿간, 측간, 통시는 모두 화장실을 가리키는 말이에요. 같은 뜻인데 왜 이렇게 말이 다를까요?

방언과 표준어

어느 한 지역에서 또는 한 계층에서 주로 쓰는 말을 '방언'이라고 해요. 흔히 사투리라고도 부르지요. 방언에는 지역이나 계층의 특색이 잘 나타나 있어요.

지역별 방언의 경우, 그 지역에서만 쓰는 어휘, 억양에 따라 특징이 조금씩 달라요. 교통과 통신이 오늘날만큼 발달되지 않았던 과거에는 서로 다른 지역 사람끼리 왕래하는 경우가 드물었지요. 지역 간 교류가 힘들다 보니 서로 다른 말들이 자연스럽게 생긴 거라 볼 수 있어요. 그래서 화장실을 나타내는 말도 잿간(강원), 측간(중부), 통시(남부)처럼 다양한 지역 방언이 자리잡게 된 거예요.

상황에 맞게 사용하면 좋아요

우리나라는 표준어를 '교양 있는 사람들이 두루 쓰는 현대 서울말'로 정의해요. 텔레비전이나 신문에서, 또 공식적인 자리에서 연설할 때 쓰이는 말이 표준어라 할 수 있어요.

표준어는 공적인 자리에서 말할 때, 또는 서로 다른 지역 사람끼리 만났을 때 사용해요. 지역에 관계없이 의사소통을 보다 매끄럽게 할 수 있으니까요.

방언은 같은 지역 사람끼리 만났을 때 사용하면 친밀감이 생겨요. 또 방송이나 영화 등 예술 작품 속에서 어느 특정한 지역을 배경으로 할 때 방언을 사용하면 재미와 생동감이 느껴지지요.

북한말은 달라도 너무 달라요

오늘날엔 교통과 통신의 발달로 아무리 거리가 먼 지역이라도 사람들끼리 왕래가 잦아요. 대중매체 또한 발달했고요. 날로 날로 표준어가 널리 전파되고 있는 상황이지요.

하지만 북한말은 달라도 너무 달라요. 남한과 북한 사이에는 지역적·정치적·사회적으로 또렷한 경계가 있지요. 50년 이상 왕래도 거의 없고, 남한이 외래어를 많이 사용하는 반면 북한은 정책적으로 순수 우리말을 고집하고 있기 때문이지요. 북한어에는 오늘날 남한 사람이 듣기에 생소한 말들이 아주 많아요.

앞서 말했듯이 순수 우리말은 남한보다 북한에서 훨씬 많이 사용되고 있어요. 남한의 '헬리콥터'는 북한의 '직승비행기', 남한의 '골키퍼'는 북한의 '문지기'와 같은 말이지요.

고유어, 한자어, 외래어는 어떻게 생겨났나요?

아버지와 함께 할머니댁으로 가는 버스를 탔어요. 그런데 문득 버스를 영어로 무엇이라 하는지 궁금해졌어요. "버스가 영어로 뭐예요?" 아버지는 웃으면서 "버스는 버스란다"라고 대답하셨어요. 이럴 수가, '버스'는 우리말이 아니었나요?

고유어, 한자어, 외래어

우리가 접하는 수많은 어휘는 다 각자의 고향이 있어요. 그 말들이 어떻게 생겼느냐에 따라 고유어, 한자어, 외래어로 나뉘어요.

- **고유어**

옛날부터 사용해 온 순우리말로 본디 있던 말이나 그것에 기초해 새로 만들어진 말이에요. 한자어로 바꿀 수 없는 말이지요. 하늘, 땅, 곰, 사람 등이 여기에 해당돼요. 참 예쁜 순우리말 하나 더 배워 볼까요? '미리'는 상상의 동물인 용, '내'는 시냇물을 의미해요. '미리내'를 글자 그대로 풀이하면 '용냇물'이라는 뜻이에요. 표준어로는 '은하수'를 뜻하지요.

● **한자어**

한자로 만들어진 말이에요. 우리나라는 한자를 저 옛날 삼국 시대부터 사용했어요. 주변을 둘러보면 사람·사물·땅 이름, 그 밖에 수많은 낱말이 한자어로 된 것을 볼 수 있어요. 청주(淸州), 학교(學校), 구청(區廳) 등 주위를 둘러보면 어렵지 않게 찾게 되지요.

● **외래어**

다른 나라에서 사용 중인 말을 발음을 살려 한글로 옮긴 경우예요. 그래서 우리말처럼 많이 쓰여요. 버스, 사인펜, 텔레비전과 같이 영어가 그대로 우리말로 사용되는 경우가 이에 해당되지요.

고유어	살금살금, 오솔길, 그림자, 어머니, 눈높이, 깜빡이, 떡볶이, 달걀, 아름답다, 소쿠리, 구름, 무지개 등
한자어	감기(感氣), 고생(苦生), 가정(家庭), 인간(人間), 역사(歷史), 교실(敎室), 교문(校門), 계란(鷄卵) 등
외래어	인터넷, 애니메이션, 피아노, 아파트, 냄비, 라디오, 키보드, 홈페이지, 에어컨, 메일, 게임, 스케이트 등

외국어는 외래어와 같은 말인가요?

외국어는 우리말로 번역해 쓸 수 있는 다른 나라 말이에요. '전화기'라는 말과 함께 쓰이는 '폰(phone)', '공책'과 함께 쓰이는 '노트(note)'처럼 번역된 우리말과 함께 사용되는 경우가 많아요. 이럴 경우 번역할 수 있다면 고쳐서 사용하는 게 좋겠죠?

합쳐졌네? 합성어도 있어요!

고유어 + 한자어 : 쓰레기봉투, 거품현상, 오빠부대, 빠른우편
한자어 + 외래어 : 휴대폰, 미시족
고유어 + 외래어 : 몰래카메라, 배꼽티

'부랴부랴'는 왜 '부랴부랴'인가요?

버스 정류장에 서 있는데 아주머니 한 분이 숨을 헉헉거리며 혼잣말을 하시네요. "에구 숨차. 부랴부랴 달려왔는데 버스는 놓치고……." 그 말을 들으며 문득 궁금해졌어요. 동화 속 마법사 이름 같은 '부랴부랴', 이 말은 어떻게 생긴 걸까요?

불이야 불이야

불이 났을 때 뭐라고 소리칠까요? 다급하게 '불이야 불이야' 하고 외치겠죠? '부랴부랴'는 바로 이 '불이야 불이야'라는 표현이 줄어든 것이래요. 불이 났다고 소리치듯이 매우 급하게 서두르는 모습을 나타낼 때 쓰는 말이지요.

말의 역사

 이처럼 말은 시간이 지나면서 뜻과 형태가 변하기도 하고 본래 의미와 다르게 사용되기도 해요. 부랴부랴는 '불이야 불이야'에서 유래된 것이라 할 수 있지요.

 '유래'란 어떤 것이 시작되거나 전해 내려온 역사를 의미하지요. 따라서 말의 유래를 아는 것은 말의 역사와 문화까지 이해한다는 뜻이지요. 말의 유래를 알면 말뜻을 훨씬 더 정확하게 알게 되기도 해요. 말뜻을 정확히 알면 제대로 사용할 수 있으니 자연스럽게 어휘력도 늘겠죠? 우리가 자주 쓰는 말 몇 개의 어원을 살펴보기로 해요.

● **촐랑이**

예시 어른들 말씀하시는데 왜 이렇게 나서니? 촐랑이처럼…….

 전통 사회에서는 음력 섣달그믐이면 귀신을 쫓는 행사가 열렸어요. 이때 '초라니'는 붉은 저고리, 푸른 치마를 입고 괴상망측한 여자 탈을 쓰고 깃발을 흔들며 귀신을 쫓는 역할을 했어요. 그런데 이 초라니가 구경꾼들을 웃기느라 어찌나 방정을 떠는지, 이렇게 심하게 출싹대는 사람을 보면 아예 초라니라고 부르게 되었대요. 이것이 변해 촐랑이가 됐어요.

● **아수라장**

예시 장난치고 뛰어다니니까 교실이 아수라장이 됐네.

 '아수라'는 원래 불교에서 쓰는 말인데 화를 잘 내고 성질이 고약해 좋은 일이 있으면 훼방을 놓는 귀신을 가리켜요. 아수라가 놀고 있는 모습을 상상해 보세요. 아수라장이란 표현이 이해되지요?

● 개밥의 도토리

예시 개밥의 도토리처럼 마음이 쓸쓸했어.

개들은 밥그릇 안에 떨어진 도토리를 먹지 않는대요. 밥만 먹기 때문에 결국엔 도토리만 남게 된대요. 그래서 '개밥의 도토리'라는 말은 함께 잘 어울리지 못하고 외톨이로 있는 모양을 말해요.

● 부대찌개

6·25 한국전쟁이 끝난 후 우리나라에는 먹을 것이 항상 부족했어요. 이때 우리나라에 많이 와 있던 미군 부대에서 나온 여러 재료를 넣고 찌개를 끓였다 해서 찌개 이름을 '부대찌개'라고 했대요.

● 햄버거

여러분이 좋아하는 햄버거는 '함부르크(Hamburg)'라는 독일 지명에서 유래했어요. 독일의 항구 도시 함부르크에는 고기를 잘게 갈아 뭉친 후 익혀 먹는 요리가 있었어요. 이것이 함부르크 스테이크였지요. 이 요리가 미국으로 전해지고, 이어 빵 사이에 함부르크 스테이크를 끼워 넣은 메뉴가 등장했어요. 바로 햄버거(Hamburger)랍니다.

글의 최소 단위는 뭘까요?

동생 영이가 일기를 썼다며 스케치북을 꺼내 왔어요. 그런데 스케치북에는 '아빠, 떡볶이'라는 낱말만 써 있지 뭐예요. 아무리 봐도 글이라고 하기 어려웠어요. 쌀만 있고 떡은 없는데 떡볶이를 만들려는 상황 같았지요. 떡볶이 속 떡처럼 글에서 기본이 되는 재료는 뭘까요?

생각의 덩어리는 하나의 문장

문장은 생각이나 감정을 표현할 수 있는 글의 최소 단위예요. 문장을 이루지 못한 것은 아직 글이라고 볼 수 없지요.

문장의 형태는 아주 다양해요. '무엇이 무엇이다'라는 짧은 기본형 문장부터 꾸며 주는 말이 많이 들어가는 긴 문장들까지요. 몇 가지 예를 들어 볼까요?

문장의 형태	예시
무엇이 무엇이다. (주어 + 서술어)	이것은 문장이다.
무엇이 어떠하다. (주어 + 서술어)	나는 예쁘다.
무엇이 어찌하다. (주어 + 서술어)	강아지가 뛰어간다.
무엇이 무엇을 어찌하다. (주어 + 목적어 + 서술어)	원숭이가 바나나를 먹는다.

문장의 재료들

문장에는 문장을 이루는 데 꼭 필요한 문장 성분이 있어요. 이렇게 문장의 뼈대라고 할 수 있는 성분을 주성분이라고 해요. 주성분에는 주어, 서술어, 목적어, 보어가 있어요.

● 주어

문장이 설명하고자 하는 주체가 되는 성분이에요. '누가/무엇이'에 해당하는 것을 '주어'라고 해요.

예시 아버지는(누가) 이름을 지으셨다.
예시 하늘은(무엇이) 푸르다.

● **서술어**

주어의 동작, 상태, 성질 등을 설명(서술)하는 문장 성분이에요. '무엇이다/어찌하다/어떠하다'에 해당되는 것을 '서술어'라고 해요.

> 예시 내 동생은 장난꾸러기다(무엇이다).
> 예시 언니가 노래를 부른다(어찌하다).
> 예시 대규는 용감하다(어떠하다).

● **목적어**

서술어의 동작 대상이 되는 문장 성분이에요. '누구를/무엇을'에 해당되지요.

> 예시 나는 너를(누구를) 좋아해.
> 예시 예슬이가 피아노를(무엇을) 친다.

● **보어**

서술어인 '되다/아니다' 앞에서 이 말을 보충해 주는 문장 성분이에요. 문장에서는 '무엇이'에 해당되는 부분이에요.

> 예시 경수가 선생님이(무엇이) 되었다.
> 예시 나는 먹보가(무엇이) 아니다.

동생이 일기장에 쓴 낱말들은 문장을 이루지 못하고 있지요. 문장이 아니어서 글이라는 인상이 들지 않았던 것이고요. 그럼 동생을 도와 문장을 만들어 볼까요?

예시 아빠는 떡볶이를 만드셨다.
　　　주어(누가) + 목적어(무엇을) + 서술어(어찌하다)

문장이 모여 문단, 문단이 모여 글

　문장들은 모여서 하나의 중심 생각을 품은 덩어리를 이뤄요. 이것을 '문단'이라고 해요. 글은 여러 개의 문단으로 이뤄져요. 어디까지가 한 문단인지 어떻게 아나요? 네, 보통 문단이 바뀌면 줄을 바꿔 처음 한 칸을 비우고 쓰기 때문에 어디서 문단이 끝나고 새 문단이 시작되는지 쉽게 알 수 있지요.

　문단을 나누면 중심 생각을 명확하게 전달할 수 있어요. 나에 대해 설명한다고 해 보세요. 주제는 '나'이지만 가족관계, 생김새, 성격, 장래희망 등을 각각 문단을 나눠 정리하면 읽는 사람이 글을 훨씬 잘 이해할 수 있어요.

예시 내 이름은 공영칠이다. 아버지께서 지어 주신 이름이다. 내 이름은 007이라고도 쓸 수 있는데, 친구들이 날 보고 "공공칠 빵"이라고 놀려 댄다. 처음에는 싫었지만 지금은 친구들과 함께 웃을 수 있어 재미있는 이름이라 생각한다.
(→이름 이야기가 담긴 문단)
이렇게 재미있는 이름을 붙여 주신 아버지는 우리에게 맛있는 음식을 많이 해 주신다. 동생 미란이는 아버지 음식이 세상에서 제일 맛있다고 말한다. 그럴 때면 어머니는 무척 섭섭해 하신다.
(→가족 이야기가 담긴 문단)

시키는 말을 들으면 왜 이렇게 하기 싫을까요?

이제 막 공부할 참인데 엄마가 "얘, 공부해!" 하고 말씀하시면 공부하기가 싫어져요. 그렇게 굳이 말씀 안 하셔도, 아니 말만 조금 부드러워도 즐겁게 공부할 수 있을 것 같은데 말이에요. 제가 정말 청개구리 심보를 가진 걸까요?

기분 나쁘지 않게 내 뜻을 전해요

청개구리만 그럴까요? 시켜서 하는 일을 좋아하는 사람은 그리 많지 않을 거예요. 그런데 우리 친구는 언어 감각이 남다르군요. 맞아요. 말끝을 달리하면 느낌이 달라요. '공부 좀 해', '우리 이제 공부할까?', '우리 이제 공부하자', '공부 좀 합시다'……. 분명 유사한 뜻을 담고 있는데 듣는 느낌은 전혀 달라요. 시키는 말보다는 '-합시다', '-하면 좋겠다', '-하면 어떨까요?'처럼 권유하는 말로 바꿔 사용하면 상대방도 편안하게 받아들일 수 있지요. 마무리에 따라 느낌이 달라지는 건 문장도 마찬가지예요.

마무리에 따라 문장의 느낌이 달라져요

- **풀이하는 문장**

  무엇에 대해서 풀어서 소개하거나 설명하는 문장으로 '평서문'이라고도 불러요. 문장부호는 주로 온점(.)을 써요.

  예시 가끔은 일기장이 소중한 친구 같다.

- **묻는 문장**

  '의문문'이라고도 해요. 문장부호는 주로 물음표(?)를 쓰지만 온점을 쓰기도 해요.

  예시 나에게 진정한 친구는 있는가?

- **감탄하는 문장**

  기쁨, 슬픔, 놀람 등 느낌이나 기분을 표현하는 문장으로 '감탄문'이라고도 해요. 자주 쓰는 문장부호는 느낌표(!)지요.

  예시 하늘이 정말 아름답구나!

- **권유하는 문장**

누군가에게 무엇을 같이하자고 청하는 문장이어서 '청유문'이라고 해요.

예시 우리가 꿈꾸는 학교를 말해 보자.

- **시키는 문장**

'명령문'이라고 해요. 온점(.)을 쓰기도 하지만, 강한 뜻을 나타낼 때는 느낌표(!)를 쓸 수 있어요.

예시 실수를 두려워하지 마라!

과거, 현재, 미래를 다 똑같은 말로 표현하면 안 되나요?

'난 앞으로 비행기 조종사입니다'라고 다짐했더니, 어색한 말이라네요? 왜죠?

시간을 표현하는 방식

시간은 자연의 흐름이라 나눌 수 없어요. 하지만 우리가 말하고 글을 쓸 때는 '시제'를 사용해 과거, 현재, 미래를 나눠 표현할 수 있어요. 과거시제는 이미 지나간 시간을 표현하지요. 현재시제는 지금 보내고 있는 시간을 표현하죠. 미래시제는 앞으로 다가올 시간을 표현하죠. 시제는 시간을 나타내는 말과 시간을 나타내는 서술어를 함께 사용해 만들어요.

- **과거시제: 나는 비행기 조종사였습니다.**

과거시제는 말하는 시점보다 앞선 사건시점(사건시)을 표현해요. 서술어에 주로 '-았-, -었-, -였-'이 들어가요.

예시 우리는 지난 주말에 멋진 영화를 보았다.
예시 민아는 어제 탕수육을 먹었다.

과거의 일이나 경험을 돌이켜 볼 때는 '-더-'를 사용하기도 해요.

예시 영진이 어제 슈퍼에 가더라?

'-았었-, -었었-, -였었-'을 쓰기도 해요. 현재와 상태가 다른 과거를 나타낼 때 사용되지요. 다음 문장은 어릴 때 수영했던 사실을 말하면서 지금은 그러지 않는다는 사실까지 전해 줘요.

예시 어릴 때 우리는 이 강에서 수영을 하고 놀았었지.

- **현재시제: 나는 비행기 조종사입니다.**

현재시제는 말하는 시점과 사건시점이 일치해요. 주로 '-는-' '-ㄴ-'으로 표현돼요.

예시 여러 가족이 식당에서 밥을 먹는다.
예시 학생들이 운동장에서 공놀이를 한다.

- **미래시제: 나는 비행기 조종사가 될 것입니다.**

미래시제는 말하는 시점보다 사건시점이 나중에 오는 경우예요.

주로 '-겠-'으로 표현되고, 미래를 나타내는 말과 함께 사용해 더 정확하게 뜻을 전달할 수 있어요. '-겠-, -(으)ㄹ-, -(으)ㄹ 것'은 미래 시제를 나타내기도 하지만 추측이나 의지를 표현하기도 하지요.

> 예시 내일은 비가 오겠다.
> 내일은 비가 올 것이다.(추측)
> 예시 꼭 금메달을 따겠습니다.
> 꼭 금메달을 딸 것입니다.(의지)

또한 미래시제는 '-겠-' 대신에 '-(으)리-'를 사용하기도 해요.

> 예시 두 손 모아 너의 행복을 빌리라.
> 예시 당신의 부탁을 꼭 들어 드리리다.

순서에 따른 시간 표현법
그끄저께 ← 그저께 ← 어제 ← 오늘 → 내일 → 모레 → 글피 → 그글피

높임말을 아무 데나 쓸 수 없다고요?

아버지께서 외국인 친구를 집에 초대하셨어요. 그분은 식사를 하며 "감사합니다. 불고기께서 맛있어요"라고 했어요. 그 순간 저도 모르게 웃음이 나와서 참느라 혼났어요.

높임말과 예사말의 차이점

높임말과 예사말은 상대에 따라 다르게 사용해요. 높임말은 주로 웃어른이나 여러 사람을 상대로 말할 때, 예사말은 주로 친구나 아랫사람을 상대로 말할 때 사용해요.

한국어가 익숙하지 않은 외국인 손님이 불고기를 높이는 표현을 사용한 모양이군요. 상대를 존중하는 마음이 담긴 높임말도 잘못 쓰면 우스꽝스러운 말이 돼 버려요. 우리 같이 올바른 높임말 사용법을 알아보도록 해요.

- 단어 속에 높이는 뜻을 담고 있는 낱말 사용하기

  예시 에게-께
  말-말씀
  밥-진지
  나이-연세
  이름-성함

- '시'를 넣어 높임말 만들기

  예시 주다-주시다
  하다-하시다
  이다-이시다

- '습니다'로 문장을 끝내 높임말 만들기

  예시 없다-없습니다
  있다-있습니다

헷갈리는 높임말

- **'드셔 보셔요'**

틀린 것은 아니죠. 하지만 높임말을 겹쳐서 쓰면 어딘지 어색하게 느껴져요. '드셔 보셔요'보다는 '들어 보셔요'라고 해야 바른 표현이 된답니다. 높임말 사용이 지나치면 듣기에 어색하기 때문에 짧은 문장 안에서는 마지막 어절을 높여야 자연스러워요.

- **물건을 높인 경우**

'손님, 이 신발은 5만 원이셔요.', '창문 쪽은 경치가 좋으시구요. 안쪽 자리는 따뜻하세요.' 두 경우 모두 손님이 아닌, 물건을 높이고 있습니다. 물건을 높였으니 상대적으로 손님은 낮춘 격이 돼 버렸어요.

- **'저희 나라'**

이것은 자신뿐만 아니라 나라와 민족 모두를 낮추는 표현이에요. '우리나라'라고 하는 것이 옳지요.

- **'선생님께서 오시란다 = 선생님께서 + 오시라고 + 한다'**

선생님을 높인 게 아니라 듣는 사람을 높인 말이에요. 어떻게 바꿔야 할까요? '오라고 하신다' 즉 '오라신다'가 옳은 표현이지요. 어때요. 헷갈릴 때는 이렇게 어절을 나눠 보면 되겠지요?

깍두기가 '결코' 초콜릿처럼 달다면 얼마나 좋을까?

"깍두기가 결코 초콜릿처럼 달다면 얼마나 좋을까?"라고 말하고 싶은데, 친구가 어색하다고 하네요. 어디가 왜 이상한 걸까요?

어울리는 단어끼리 만나게 해 주세요

바르게 고쳐 볼까요? '결코' 대신에 '만약'을 집어넣으면 자연스러워지지요. '결코'라는 단어를 쓰려면 "깍두기는 결코 초콜릿처럼 달지 않다"라고 문장 뒷부분을 고쳐야겠지요.

'결코'는 '아니다, 없다' 같은 부정하는 뜻을 가진 말과 함께 쓰여요. '만약'은 가정을 나타내는 말과 함께 쓰이고요.

여러분이 매일 어울리는 단짝친구가 있는 것처럼 단어들도 꼭 함께 다니는 경우가 있어요. '결코'와 '만약'도 그 같은 경우지요. 함께 어울리는 단어를 써서 문장 앞뒤가 자연스럽게 이어지도록 쓰는 걸 문장의 호응을 이룬다고 해요.

문장의 호응 관계가 잘 이뤄져야 의미가 명확하게 전달돼요. 호응 관계가 이뤄지지 않으면 문장이 어색하고 이상해지지요. 그럼 문장의 호응 관계에는 어떠한 것들이 있는지 구체적으로 살펴볼까요?

● 시간을 나타내는 말과 서술어 호응

시간 표현이 사용된 문장에서는 시간을 나타내는 말과 서술어가 호응을 이뤄야 해요. 과거를 나타내는 '어제', '작년', '지난 주말' 등의 표현을 쓸 때는 서술어에 '-었-'을 써요. 현재를 나타내는 '지금', '오늘', '요즘' 등의 표현을 쓸 때는 서술어에 '-는-'을 같이 쓰고요. 미래를 나타내는 '앞으로', '다음에', '내일' 등의 표현을 쓸 때는 서술어에 '-겠-(-(으)ㄹ 것-)'을 같이 써요.

> 예시 우리 가족은 지난 추석에 시골 할머니댁에 다녀왔다.
> 예시 앞으로 아침에 일찍 일어나서 등교 준비를 해야겠다.

● 높임의 대상과 서술어 호응

높임말이 사용된 문장에서는 높임의 대상과 서술어가 호응돼야 해요. 주로 서술어에 '-(으)시-'를 넣어서 표현해요. 예를 들어 '할머니께서 군밤을 줬다'라는 문장은 주어인 '할머니께서'와 서술어 '줬다'가 호응을 이루지 못하지요. 높임말을 써서 '할머니께서 군밤을 주셨다'로 써야 호응이 이뤄지지요.

예시 선생님께서 숙제를 내 주셨다.

● **꾸며 주는 말과 꾸밈을 받는 서술어 호응**

서술어를 꾸며서 의미를 강조하는 말이 있어요. '만약', '모름지기' '결코', '마치', '반드시', '비록', '왜냐하면' 등과 같은 꾸며 주는 말이에요. 이런 말을 사용할 때는 꾸며 주는 말과 꾸밈을 받는 서술어의 호응 관계를 잘 살펴봐야 해요. 호응 관계가 있는 문장을 쓸 때는 글쓴이의 의도가 문장에서 잘 나타날 수 있게 고려하며 써요.

꾸며 주는 말	서술어
만약	……한다면
모름지기	……해야 한다
결코	……하지 않다
마치	……같다
반드시	……해야 한다
비록	……지만
왜냐하면	……때문이다

예시 마치 사랑에 빠진 것 같았어.
예시 비록 속도는 느리지만 나는 자동차보다 자전거 타기를 더 좋아해.

● 동작을 하는(당하는) 주어와 서술어 호응

동작을 하는(당하는) 주어와 서술어가 호응돼야 해요. 문장을 보면 어떤 동작이나 상태의 주가 되는 주어가 있어요. 이때 동작을 하는 주어에 따라 서술어가 바뀌므로 주어와 서술어가 호응되는지 살펴봐야 해요. 예를 들어 '동생이 누나에게 업었다'라는 문장에서 주어인 '동생이' 누나에게 업힘을 당하고 있으므로 '동생이 누나에게 업혔다'라고 해야 호응을 이루지요.

예시 바다가 저 멀리에 보인다.

예시 숨바꼭질에서 나는 동생에게 잡혔다.

TIP

적절하지 못한 호응 관계 찾아보기

다음 문장 속 호응 관계가 자연스러운지 살펴보세요. 어색한 문장이 있다면, 호응 관계의 종류와 문장의 의도를 생각하며 고쳐 보세요.

① 할머니께서 어제 고향에 갔다.
　　→ (　　　　　　　　　　　　　　　　)
② 왜냐하면 서두르지 않으면 지각을 하겠다.
　　→ (　　　　　　　　　　　　　　　　)
③ 나는 방금 화장실에 가겠다.
　　→ (　　　　　　　　　　　　　　　　)
④ 동생이 많이 아파서 내가 죽을 먹었다.
　　→ (　　　　　　　　　　　　　　　　)

● 정답은 341쪽에서

띄어쓰기를 꼭 해야 하나요?

소리 내어 또박또박 책을 읽고 있었어요. "아- 버- 지- 가- 방- 에- 들- 어- 가- 셨- 어- 요- 아- 이- 가- 아- 파- 요-" 그랬더니 가만히 듣고 계시던 아버지가 고개를 갸웃거리며 말씀하세요. "예승아, 똑똑히 읽는 건 좋은데 띄어쓰기에 따라 호흡을 조절하며 읽어야 의미도 잘 전해지지." 띄어쓰기가 그렇게 중요한가요?

징검다리처럼 띄어 써요

글의 내용을 바르게 이해하려면 끊어 읽기를 잘해야 해요. 이때, 어절이 끊어 읽기의 기본 단위가 된답니다. 어절은 문장을 구성하는 도막도막의 성분이에요.

아버지가방에들어가셨어요.
아이가아파요.

어절대로 끊어서 읽으면 글을 바르게 읽을 수 있으며 글이 뜻하는 내용을 정확하게 파악할 수 있지요. 다음 문장들도 살펴봐요.

예시 개똥이가방에들어간다. ↔ 개똥이가방에들어간다.
예시 민아가이성형외과에 갔어. ↔ 민아가이성형외과에갔어.
예시 아기다리고기다리던소식. ↔ 아기다리고기다리던소식.

어때요? 어떻게 읽느냐에 따라서 의미가 바뀌기도 해요. 그럼 어절을 구분하는 쉬운 방법이 뭘까요? 바로 띄어쓰기예요. 그러니 처음부터 띄어쓰기가 제대로 되어 있지 않으면 아주 엉뚱한 일이 일어날 수도 있겠죠?

문장부호

문장부호는 문장을 끊어 읽을 때 중요한 역할을 해요. 한 문장 한 문장을 어떻게 구분하나요? 문장 하나가 끝날 때는 문장부호인 마침표가 따라와요. 마침표에는 온점, 느낌표, 물음표가 있답니다.

- 온점

예시 나는 너를 사랑해.

- 느낌표

예시 정말 훌륭한 선수야!

- 물음표

예시 그 문제가 나왔니?

평서문 끝에 쓰는 온점(.) 감탄문 끝에 쓰는 느낌표(!) 의문문 끝에 쓰는 물음표(?). 모두 구분할 수 있지요?
　문장 안에서 쉬어 가라고 찍는 문장부호도 있어요. 바로 쉼표예요. 반점(,) 가운뎃점(·) 쌍점(:) 등이지요.

- 반점

예시 콩 심으면 콩 나고, 팥 심으면 팥 난다.

- 가운뎃점

예시 충남·충북 두 도를 합해 충청도라고 한다.

- 쌍점

예시 문장부호: 마침표, 쉼표, 따옴표, 묶음표 등.

대화문에, 인용문에, 강조구에 사용하는 문장부호도 있어요. 대화문이나 인용문을 나타낼 때 사용하는 큰따옴표(" ")가 있고, 따온 말 가운데 다시 따온 말이 들어갈 때나 마음속으로 하는 말을 나타내 주는 작은따옴표(' ')가 있어요.

- **큰따옴표**
  예시 산신령이 "은도끼가 네 도끼냐? 금도끼가 네 도끼냐?"라고 물어보았어요.

- **작은따옴표**
  예시 피아노 대회날, 나는 '떨리지만 할 수 있어'라고 다짐했어요.

쓰는 위치가 각각 달라요

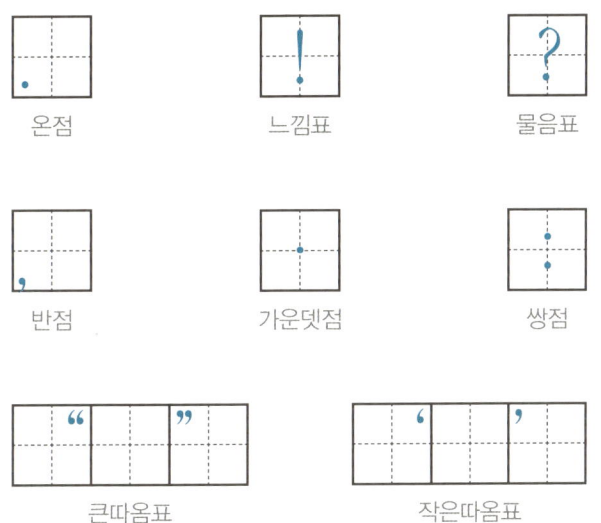

문장부호와 띄어쓰기 없이 읽어 봐요

다음 글을 한번 비교해 보세요. 문장부호, 띄어쓰기가 왜 필요한지 알 수 있을 거예요.

예시 문장부호와 띄어쓰기를 무시한 경우:
악어님해님을돌려주세요흥해를돌려달라고해는내것이야

예시 문장부호가 없는 경우:
악어님 해님을 돌려주세요 흥 해를 돌려 달라고 해는 내 것이야

띄어쓰기만 되어도 이해하기가 훨씬 쉽지만 뭔가 빠져 있는 느낌이 들지 않나요? 자, 그럼 문장부호와 띄어쓰기가 모두 다 돼 있는 문장을 읽어 볼까요?

예시 "악어님, 해님을 돌려주세요!"
"흥, 해를 돌려 달라고? 해는 내 것이야!"

이해하기도 쉽고, 문장의 느낌도 잘 살아나지요?

맞춤법, 왜 지켜야 하나요?

친구들과 핸드폰 채팅에 정신이 팔려 있었어요. '안뇽? 머하셈? 조타 ㅋㅋㅋ' 슬쩍 핸드폰을 보신 어머니께서 말씀하시네요. "아이고, 그게 무슨 말이니? 무슨 뜻인지 친구들이 알겠어?" 엄마도 참……! 모르긴 왜 몰라요. 우린 다 이렇게 쓰는데……. 맞춤법에 어긋나게 쓰면 편하고 재밌는데, 굳이 정확하게 쓸 필요가 있을까요?

글 쓸 때 지켜야 할 약속, 맞춤법

맞춤법은 말을 글자로 적을 때 지켜야 할 약속이에요. 우리 맞춤법의 가장 큰 원칙은 '표준어를 소리 나는 대로 적되, 어법에 맞도록 한다'는 것이에요. 소리 나는 대로 적는 건 좋은데 어법에 맞게? 이게 무슨 뜻일까요?

우리나라 글자는 본래 글자가 가진 소리대로 쓰는 소리글자예요. 그러나 입으로 말할 때와 달리 표기해야 하는 경우가 많지요. 예를 들어 국어[구거], 나뭇잎[나문닙], 읽기[일끼] 같은 낱말을 보지요. 쓰는 것과 들리는 것이 다르지요? 이처럼 하나씩 띄어 읽을 때와 붙여서 읽을 때 다른 소리가 나는 말이 있어요.

마음이 잘 통하는 친구 사이에 문자를 주고 받을 때는 맞춤법을 무시할 수도 있겠지요. 그렇지만 평소 잘 쓰는 말이 아니라 조금 낯선 낱말을 사용하면? 제대로 빠르게 이해하기 어려울 거예요. 또 굳어진 버릇 때문에 글쓰기를 할 때도 불편해질 거고요.

발음 규칙을 알면 받아쓰기도 더 잘할 수 있어요

우리말을 발음할 때 소리가 바뀌는 현상에는 여러 가지가 있어요. 가장 대표적인 것이 연음 현상, 구개음화 현상, 대표음 현상이에요.

● 연음 현상

가장 기본적인 현상이에요. 뒤에 오는 글자의 첫 음이 음가가 없는 'ㅇ'일 때 앞 글자의 받침이 뒤로 넘어가서 발음돼요.

예시 바람 + 이 → [바라미]

예시 이름 + 을 → [이르믈]

● **구개음화 현상**

음절의 끝소리 'ㄷ, ㅌ'이 'ㅣ'로 시작되는 말을 만나 각각 구개음 'ㅈ, ㅊ'으로 변하는 현상을 말해요.

예시 같 + 이 → [가치]

예시 굳 + 이 → [구지]

● **대표음 현상**

국어의 받침소리는 'ㄱ, ㄴ, ㄷ, ㄹ, ㅁ, ㅂ, ㅇ' 7개 자음만 발음돼요. 그래서 'ㄲ, ㅋ, ㄳ'은 'ㄱ'으로 'ㅅ, ㅆ, ㅈ, ㅊ, ㅌ, ㅎ'은 'ㄷ'으로 'ㅍ, ㅄ'은 'ㅂ'으로 소리가 나요.

예시 낫 → [낟]

예시 낮 → [낟]

예시 낯 → [낟]

예시를 보면 받침은 다 다른데 발음되는 소리는 모두 'ㄷ'으로 같지요. 이러한 것을 대표음 현상이라고 해요.

연음 현상	구개음화 현상	대표음 현상
빗+으로 → [비스로] 빛+츠로 → [비츠로] 집+으로 → [지브로] 짚+으로 → [지프로]	미닫이 → [미다지] 해돋이 → [해도지] 밭이 → [바치] 닫히다 → [다치다] 굳히다 → [구치다]	빗/빛 → [빋] 집/짚 → [집] 곳/곶 → [곧] 입/잎 → [입]

우리 할머니는 옷으로 술을 만들어요

할머니께서 말씀하셨어요. '아범 먹이게 옷으로 술 좀 담가야겠다'고요. 어떻게 옷으로 술을 만들지요?

소리는 같은데 뜻이 달라요

할머니께서 말씀하신 '옷'은 '옻'의 옛말이에요. 옻은 옻나무를 말하는데, 이 나무의 껍데기를 술에 담가 만드는 것이 옻술이에요.

이제 옷으로 술을 담근다는 말 이해가 되지요?

우리가 입는 옷과, 할머니가 술을 담글 때 쓰는 옷은 발음은 같지만 뜻이 다르지요. 이런 낱말들을 동음이의어라고 해요.

다양한 동음이의어를 알아볼까요

발음	의미1	의미2
[말]	동물	언어
[풀]	접착제	식물
[모자]	의복	어머니와 아들
[일기]	날씨	그날 그날의 기록
[연기]	기체	맡은 배역을 표현하는 일
[거리]	길	간격
[의원]	병원	직책

수수께끼, 힌트는 동음이의어!

① 이 세계가 흔들리면 사람들은 모두 어디로 가나요?

② 새 중에서 가장 빠른 새는?

③ 잘못했을 때 먹는 과일은?

● 정답은 341쪽에서

같은 '손(手)'이라도 쓰임이 다르다고요?

강아지가 신발을 망가뜨렸어요. 너무 속이 상해 "방울이! 너 이 손으로 손 좀 봐 줘야겠어!" 하고 말했는데 순간 궁금해졌어요. 제가 말한 두 손이 같은 손인가요?

다의어

하나의 낱말이 두 가지 이상의 뜻으로 쓰이는 경우, '다의어'라고 해요. 다의어를 살펴볼까요?

● 손

① 다희는 손을 깨끗이 씻고 빵을 먹었다.(신체 부위)
② 김장을 하려면 손이 많이 필요하다.(일손)
③ 갖고 싶던 장난감을 드디어 손에 넣었다.(범위)

위 경우만 봐도 손이라는 낱말 하나에 서로 다른 세 가지 의미가 담겨 있어요. 이렇게 한 낱말이 지닌 여러 가지 뜻을 구별하는 방법은 무엇일까요? 문장의 맥락을 잘 살펴보면 돼요.

"이 손으로 손 좀 봐 줘야겠어"라는 표현으로 돌아가 보지요. 앞의 '손'은 신체 부위를 뜻해요. 뒤의 '손'은 혼낸다는 뜻을 지닌 동사 '손보다'의 일부예요. 같은 손(手)이라도 의미가 서로 달라요.

너무 복잡하니 한 낱말이 하나의 뜻만 가졌으면 좋겠다구요? 그러면 평생을 배워도 모자라다는 중국 글자처럼 낱말 수가 아주 많이 늘어날 거예요.

중심의미와 주변의미

하나의 낱말에 담긴 다양한 의미 중에 기본이 되는 의미를 중심의미라고 불러요. 그 밖의 의미들은 주변의미라고 불러요. 중심의미로 쓰일 경우에는 바꿔 쓸 수 없어요. 하지만 다른 의미로 쓰일 경우에는 적절한 말로 바꿔 쓸 수 있어요.

● 발

① 많이 걸었더니 발이 아프다.(신체 부위)
② 발이 빠르다.(걸음)

③ 발이 넓어 아는 사람이 많다.(활동 범위)

①에서 발은 다른 말로 바꿔 쓸 수 없어요. ②에서 발은 다른 말로 바꿀 수 있지요. 예컨대 걸음이나 속도로요. ③ 또한 바꿔 쓸 말이 떠오르지요. 활동 범위, 인간관계 같은 말들도 좋겠네요. 즉 ①은 중심의미, ②③은 주변의미로 사용된 것이랍니다.

이럴 땐 이런 말, 저럴 땐 저런 말

① 줄넘기 기록이 올라 학급 누리집에 올랐다.
→ 첫 번째 오르다는 '수치가 많아지거나 높아지다'라는 뜻이에요. 두 번째 오르다는 '기록에 적히다'라는 뜻이에요.

② 기차에 올라 계란을 사 보니 옛날보다 계란 값이 많이 올랐다.
→ 첫 번째 오르다는 '탈것에 타다'라는 뜻이에요. 두 번째 오르다는 '수치가 많아지거나 높아지다'라는 뜻이에요.

③ 시계를 잘 고치는 아저씨가 다리를 떠는 자기의 버릇은 못 고친다.
→ 첫번째 고치다는 '물건을 제대로 되게 하다'라는 뜻이에요. 두 번째 고치다는 '잘못된 것을 바로잡다'라는 뜻이에요.

④ 서로 틈을 주어 앉아 자리다툼 하느라 친구 간에 틈이 생기지 않도록 하거라.
→ 첫 번째 틈은 '사이가 벌어진 자리'를 뜻해요. 두 번째 틈은 '마음으로 느껴지는 거리감'을 뜻해요.

헷갈리는 우리말에는 어떤 것이 있나요?

"오늘 아침 깜박 잃어버리고 준비물을 안 가져왔어요."
이 문장 어딘가에 잘못된 부분이 있대요. 평소에 자주 쓰는 말인데 대체 무엇이 잘못됐다는 걸까요?

헷갈리기 쉬운 우리말

알쏭달쏭한 친구들은 아래 글을 잘 읽어 보면 어디가 잘못됐는지 알 수 있어요. 헷갈리기 쉬운 우리말 어떤 것들이 있나 찾아봐요.

- **큰집과 큰 집**

'큰집'은 형제 중 맏이가 사는 집이고, '큰 집'은 크기가 큰 집을 말해요. 그럼 '작은형'과 '작은 형'도 구분할 수 있겠죠?

- **아지랑이와 아지랭이**

아지랑이가 맞아요. 한때는 아지랭이로도 썼지만 한글맞춤법에 따라 아지랑이로 통일됐어요.

- **다르다와 틀리다**

비교가 되는 두 대상이 같지 않을 때 '다르다'를 쓰고, 셈이나 사실 따위가 그를 때 '틀리다'를 써요.

> **예시** 그릇 모양이 각각 다르다. 쓰임도 각각 다르다.
> **예시** 답안지도 틀릴 경우가 있지.

- **잊다와 잃다**

마음속에서 뭔가를 놓치거나 깜빡했을 때는 '잊다'를, 물건을 놓치거나 깜빡했을 때는 '잃다'를 써요.

> **예시** 깜박 잊고 준비물을 안 가져왔어요.
> **예시** 오늘 아침에 연필을 잃어버렸어요.

● 바래다와 바라다

'나의 바램은 올림픽 금메달?' 아니에요. '나의 바람은 올림픽 금메달'이 옳지요. '바래다'는 빛이나 색이 옅어진다는 뜻이에요. 소망이 이뤄지기를 꿈꿀 때는 '바라다'라고 써요.

● '-장이'와 '-쟁이'

'-장이'는 물건을 만들거나 수리하는 사람을 뜻할 때, '-쟁이'는 사람의 성질이나 습관 행동 등을 나타낼 때 사용하는 말이에요. 그래서 대장장이, 땜장이, 옹기장이, 미장이가 되고 개구쟁이, 허풍쟁이, 고집쟁이, 욕심쟁이가 되지요.

● '-이'와 '-히'

'ㅅ' 받침 뒤에는 '-이'를 써요. '깨끗이, 느긋이 따뜻이, 반듯이, 의젓이, 나긋나긋이' 등이 있지요.

반면 '-하다'가 붙을 수 있으면서 '-ㅅ' 받침으로 끝나지 않을 때 '-히'가 붙어요. '딱히, 속히, 정확히, 고요히, 꼼꼼히, 간편히' 등이 있어요.

● '웃'과 '윗'

웃돈, 웃옷(겉옷), 웃어른처럼 아래 위 맞섬(대칭)이 없는 것은 '웃-'으로 써요. 아래 어른이라는 말은 없거든요.

윗마을·아랫마을, 윗니·아랫니처럼 아래 위 맞섬이 있는 것은 '윗-'을 써요.

하지만 아래위 맞섬이 있어도 된소리나 거센소리 앞에서는 '위-'

로 써요. 위쪽, 위층, 위턱 등이 여기에 해당되지요.

● 마추다와 맞추다

전에는 옷, 신, 떡 등을 주문하는 일을 '마추다'로 썼으나 1988년 한글맞춤법 이후 '맞추다'로 쓰고 있어요. '마추다'는 국어사전에서 사라진 것이죠.

● 수도꼭지를 잠궈야 할까? 잠가야 할까?

잠그 + 어 → 잠ㄱ + 어 → 잠ㄱ + 아 → 잠가

'잠그 + 어'에서 'ㅡ'가 생략돼 '잠ㄱ + 어'가 되고, '잠ㄱ + 어'는 '잠ㄱ + 아'로 바뀌는데 왜 그럴까요?

국어의 모음은 같은 종류의 모음끼리 어울리려고 해요. 양성모음 'ㅏ, ㅗ'는 'ㅏ, ㅗ'끼리, 음성모음 'ㅓ, ㅜ, ㅡ, ㅣ'는 'ㅓ, ㅜ, ㅡ, ㅣ'끼리 어울리려고 해요. 그래서 '잠ㄱ' 다음에 모음 'ㅓ'가 아니라 'ㅏ'가 오는 것이지요. '잠'에 쓰인 양성모음 'ㅏ'를 따라 'ㄱ' 뒤에도 양성모음 'ㅏ'가 온 것이지요. 그래서 수도꼭지는 '잠가'야 해요. 김치도 '담가' 먹고요.

산불됴심

말은 시대에 따라 조금씩 변해요. 있던 말이 사라지기도 하고 없던 말이 다시 생기기도 해요. 발음이 달라지고 표기도 바뀌어요.

사진을 보세요. 약 200년 전인 영정조 무렵 세워졌다는 귀한 한글 비석이에요. 그런데 조금 이상해요. '산불조심'이 아닌 '산불됴심'이라니요? 글씨를 잘못 쓴 건 아닐까요?

조선 후기 한글은 구개음화와 단모음화 현상을 거치며 서서히 변화했어요. '됴심'에서 시작해 '죠심'을 거쳐 오늘날의 '조심'에 이른 것이지요.

▲경상북도 문경시 조령에 있는 산불됴심 표석이에요.

잘못 쓰는 우리말에는 어떤 것이 있나요?

새 학기를 맞아 '나의 소개'란에 좋아하는 음식을 적고 있었어요. '떡볶이, 피자, 치킨, 김치찌게, 김밥, 탕수육'. 그런데 공부 잘하는 짝꿍이 보더니 잘못 쓴 글자가 있다고 하네요.

맞춤법에 따라 바르게 써요

찌개는 국물을 바특하게 잡아 고기나 두부·채소 따위를 넣고 양념과 간을 맞추어 끓인 음식을 뜻해요. 부모님과 함께 종종 식당에

가면 메뉴판에 '○○찌게'라고 표기된 경우를 많이 봤을 거예요. 하지만 한글맞춤법에 따르면 '찌게'가 아니라 '찌개'가 옳은 표기예요. 헷갈리지 말고 사용하도록 해요.

● 우뢰와 우레

'우리 축구대표 선수에게 우뢰와 같은 박수를……' 우뢰는 우레의 잘못된 표기예요. 우레는 '천둥'을 뜻해요.

● 곱배기와 곱빼기

곱빼기는 우리나라 고유어랍니다. 중국집에 가서 짜장면을 시킬 때 두 그릇 양을 한 그릇에 담아 주는 것을 곱빼기라고 해요. 곱박이, 곱배기를 거쳐 현재의 표기가 됐어요.

● 개발새발과 괴발개발

글씨를 엉터리로 썼을 때 '개발새발 썼다'고 표현해요. 개나 소가 쓴 것처럼 글씨가 엉망이라는 뜻이지요. 원래 표준어는 '고양이 발과 개 발'이라는 뜻의 '괴발개발'이었어요. 하지만 사람들이 발음하기 편한 '개발새발'을 많이 쓰면서 이 또한 표준어로 인정됐지요.

● 너무

부정적인 말에 쓰는 부사어예요. '너무 예뻐', '이거 너무 좋아', '너무 재미있다' 하는 표현은 잘못된 것이지요.

● 뗑깡과 만땅

아이가 떼를 쓸 때 흔히 '뗑깡 부리지 마' 하고 말해요. 이때 '뗑깡'은 일본말로 '간질병'이라는 뜻이에요. '투정 부리지 마'라고 바꿔 쓰는 것이 좋겠지요. '만땅'도 일본에서 들어온 말로 '가득'이라는 표현으로 고쳐 쓰는 것이 좋아요.

잘못 쓴 말 고쳐 쓰기

위에서 살펴본 것 외에 자주 잘못 쓰는 우리말을 살펴봐요.

X	O	X	O	X	O
무우	무	아구찜	아귀찜	어의없다	어이없다
핑게	핑계	설레이다	설레다	재털이	재떨이
오뚜기	오뚝이	비로서	비로소	무릎쓰고	무릅쓰고
윗어른	웃어른	모밀국수	메밀국수	사과 껍데기	사과 껍질
오랫만	오랜만	뜨게질	뜨개질	체중이 불다	체중이 붇다
체신없다	채신없다	육계장	육개장	벌써 갈려고?	벌써 가려고?
성대묘사	성대모사	휴계실	휴게실	서슴치 말고	서슴지 말고
그리고는	그러고는	건데기	건더기	웬지	왠지

똑같은 글자도 길이에 따라 뜻이 달라지나요?

선생님께서 '하늘에서 눈이 내려 온 마을이 하얗습니다'라는 문장을 읽을 때 유독 '눈'을 길게 발음하셨어요. 저도 선생님처럼 책을 잘 읽고 싶은데, 길게 발음해야 하는 것과 짧게 발음해야 하는 것에는 무엇이 있나요?

소리 길이에 따라 뜻이 달라지는 말

우리말에는 같은 글자라도 소리 길이에 따라 뜻이 달라지는 말이 있어요. 글자가 같기 때문에 헷갈리기 쉬운데, 구분하기 쉬운 방법을 하나 알려 줄게요. 신체의 일부분을 나타내는 말은 짧은 소리인 경우가 많아요. 자꾸 읽다 보면 습관적으로 알게 돼요.

긴 소리	짧은 소리
[눈:] 하늘에서 내리는 눈	[눈] 동물의 눈
[발:] 햇빛 가리개	[발] 동물의 발
[솔:] 구두 닦는 솔	[솔] 솔방울의 솔
[굽:다] 불에 익히다	[굽다] 휘다
[굴:] 동굴	[굴] 바다 생물
[밤:] 열매	[밤] 낮의 반대말
[배:] 곱절	[배] 과일, 사람의 신체 배, 바다 위 배
[병:] 질병	[병] 그릇
[벌:] 곤충	[벌] 죄에 따른 대가
[손:] 자손	[손] 사람의 손
[장:] 간장, 된장	[장] 시장, 창자
[말:] 언어	[말] 동물
[사:과] 용서를 빌다	[사과] 과일
[부:자] 돈이 많은 사람	[부자] 아버지와 아들

긴 소리 내는 방법

모음을 길게 발음해요. '많다[만:타]'의 '만'에 장음 표시[ː]가 있다고 해서 'ㄴ' 다음을 길게 발음하는 것이 아니고 모음 'ㅏ'를 길게 발음하는 것이지요. 즉, [마:ㄴ 타]라고 발음하는 것이에요.

문장에서 찾아봐요

예시 캄캄한 밤[밤]에 밤[밤:]나무 밭에 밤[밤:]송이들이 별에게 이야기를 합니다.

예시 올겨울에는 눈이 아파 눈[:]도 보지 못하였다. 눈[:]이 많이 내려서 세상이 눈[:]처럼 깨끗하게 되었는데 눈을 뜨지 못하니 하얀 세상을 볼 수 없었다. 그래도 겨우 눈을 뜨고 눈[:]을 보았더니 눈이 시렸다.

어때요? 읽으면서 글자의 의미를 충분히 구분했나요? 아직도 헷갈리는 친구들은 앞의 표를 다시 한 번 살펴보세요.

긴소리에 표시해 보세요

① 발을 씻고 들어가 방문에 발을 쳤습니다.
② 눈이 많이 내려서 눈을 뜰 수가 없습니다.
③ 말은 말이 없다.
④ 밤에 밤을 구워 먹었다.
⑤ 사과를 하면서 사과를 한 개 주었다.
⑥ 의사 선생님이 병이 난 사람에게 병에 든 약을 줍니다.
⑦ 바닷가의 굴속으로 들어가 굴을 따 왔다.

● 정답은 341쪽에서

풀장이 왜 '수영장장'인가요?

뜨거운 여름, 더위를 식히고 싶어 수영장에 가려 해요. "시은아! 우리 같이 풀장 가지 않을래?" 말이 끝나기 무섭게 시은이가 "수영장장에 가자고?" 하며 막 웃어 댑니다. 제가 뭘 잘못 말했나요?

생활 속 겹말

영어 단어 'pool'은 수영장이라는 뜻이에요. 장소를 뜻하는 한자어 '場'과 함께 써서 풀장을 그대로 풀어쓰면 '수영장장'이라는 것이지요. 우리가 생활 속에서 자주 쓰는 말 중 이렇게 의미가 반복되는 경우가 종종 있어요.

'생일날'은 '생일'과 '날'이 합쳐진 말이에요. 그런데 가만 살펴보니 똑같은 말이 두 번 들어가 있네요. '생일(生日)'은 '태어난 날'이라는 뜻인데 뒤에 '날'이라는 말이 한 번 더 들어갔으니까요. 이처럼 같은 뜻의 말이 겹쳐서 된 말들을 겹말이라고 부른답니다. 그럼 우리 주변에서 사용되는 겹말을 찾아볼까요?

동해 바다	동해(東海)에 이미 '바다'라는 의미가 포함돼 있음
고목 나무	고목(古木)에 이미 '나무'라는 의미가 포함돼 있음
역전 앞	역전(驛前)에 이미 '앞'이라는 의미가 포함돼 있음
과반수 이상	과반수(過半數)는 '반이 넘은 수'이기 때문에 '이상'의 의미와 겹침
쓰이는 용도	용도(用度)에 이미 '쓰이는'이란 의미가 포함돼 있음
낙엽이 떨어진다	낙엽(落葉)이 '떨어진 나뭇잎'을 의미함
전설의 레전드	레전드(legend)는 '전설'을 뜻하는 영어 단어임
닌자 어쌔씬	닌자(ninja)도 '자객', 어쌔씬(assassin)도 '자객'이라는 뜻
캐럴송	캐럴(carol)에 이미 '노래'라는 의미가 담겨 있음
LPG 가스	LPG의 G가 가스(gas)의 약자임

어쩌다 겹말이 생겼을까요

외국어에 대한 이해가 부족하면 '전설의 레전드'처럼 우리말과 외국어를 중복해 사용하거나 '닌자 어쌔씬'처럼 외국어와 외국어를 중복해 사용하게 돼요. 언뜻 멋있어 보일 수도 있지만 알고 보면 우스운 말이지요.

이 밖에 '풀장'(pool+場)이나 '실내 인테리어'(室內+interior)처럼 외국어와 한자어가 합성어를 이룬 경우, '역전 앞'이나 '동해 바다'처럼 한자어와 고유어가 합성어를 이룬 경우 등, 의미를 강조하면서 중복해 쓰다가 자리잡은 겹말도 있어요.

겹말 바로잡기

잘못된 표현	올바른 표현	잘못된 표현	올바른 표현
전기누전	누전	맡은 바 임무	맡은 바·임무
지난해 연말	지난 연말	하얀 백발	백발
돈을 송금하다	송금하다·돈을 보내다	미리 예습하다	예습하다
수확을 거두다	수확하다	머리를 삭발하다	삭발하다
각 나라별	나라마다	같은 동포	동포
남은 여생	여생	다시 부활하다	부활하다

이와 같은 말들은 우리가 조금만 주의를 기울이면 쉽게 고칠 수 있어요. 글이나 말은 군더더기 없이 짧고 쉬워야 뜻을 전달하는 데 훨씬 효과적이라는 점, 기억하세요.

국어사전에 당당히 오른 겹말도 있어요

겹말 중에도 국어사전에 오른 말들이 있어요. 족발, 처갓집, 외갓집, 고목나무, 국화꽃, 매화꽃, 단발머리 등 오랫동안 사람들 사이에서 사용되면서 표준어로 인정된 말들이지요.

우리말을 알파벳으로 어떻게 바꿀까요?

미국인 친구에게 처음으로 편지를 썼어요. 이제 편지 봉투만 쓰면 완성! 그런데 우리말을 알파벳으로 어떻게 바꿔야 할지 막막해요. 제 이름의 'ㄱ'을 'k'로 쓸지 'g'로 쓸지 망설여져요. 한글을 알파벳으로 바꾸는 방법 좀 가르쳐 주세요.

로마자 표기법

로마자란 라틴어를 표기하는 문자로, 오늘날엔 보통 알파벳 26자를 말해요. 로마자가 아닌 문자를 로마자로 나타낼 때 따라야 할 규칙이 있는데 이것이 바로 '로마자 표기법'이랍니다.

  한국어는 쓰는 것과 읽는 것이 다른 경우가 많고, 또 'ㅢ, ㅓ, ㅡ' 처럼 로마자로 바꿔 쓰기 어려운 글자도 많아요. 그래서 별다른 규칙 없이 내키는 대로 로마자를 표기하면 쓰는 사람마다 표기가 다르니 혼란스럽겠지요.

  그래서 1984년 문교부에서 '로마자 표기법'을 정리해 사람들에게 알렸어요. 그리고 2000년, 정보화 시대의 흐름을 반영해 로마자 표기법에 반달표(˘)와 어깻점(')을 없애면서 사용하기 더욱 편리하도록 바꿨어요.

로마자 표기법

모음

ㅏ	ㅓ	ㅗ	ㅜ	ㅡ	ㅣ	ㅐ	ㅔ	ㅚ	ㅟ
a	eo	o	u	eu	i	ae	e	oe	wi

ㅑ	ㅕ	ㅛ	ㅠ	ㅒ	ㅖ	ㅘ	ㅙ	ㅝ	ㅞ	ㅢ
ya	yeo	yo	yu	yae	ye	wa	wae	wo	we	ui

자음

ㄱ	ㄲ	ㅋ	ㄷ	ㄸ	ㅌ	ㅂ	ㅃ	ㅍ
g,k	kk	k	d,t	tt	t	b,p	pp	p

ㅈ	ㅉ	ㅊ	ㅅ	ㅆ	ㅎ	ㄴ	ㅁ	ㅇ	ㄹ
j	jj	ch	s	ss	h	n	m	ng	r,l

로마자 표기법, 이럴 때 필요해요

여권을 만들 때처럼 이름을 영어로 쓸 때, 외국인 관광객이 많은 유명 관광지의 유물·유적 안내판을 만들 때, 도로명이나 주소를 쓸 때……. 이럴 때 로마자 표기법을 사용하면 한글을 로마자로 보다 쉽고 정확하게 나타낼 수 있어요.

이렇게 사용해요

로마자 표기법의 원칙은 표준 발음법(한글 발음에 관한 규칙)을 따라요. 발음하는 대로 기록하지요. '종로'는 [종노]로 소리 나기 때문에 'Jongno'로, '신라'는 [실라]로 소리 나기 때문에 'Silla'로 적어요.

단, 예사소리가 된소리(ㄲ,ㄸ,ㅃ,ㅆ,ㅉ)로 소리 나는 경우에는 발음을 따르지 않고 글자 그대로 써 줍니다. '낙동강'은 [낙똥강]으로 소리 나지만 'Nakdonggang'으로, '독도'는 [독또]로 소리 나지만 'Dokdo'로 표기하지요.

자음 'ㄱ,ㄷ,ㄹ,ㅂ'은 쓰이는 위치에 따라 로마자를 다르게 사용해요. 'ㄱ,ㄷ,ㄹ,ㅂ'이 모음 앞에 쓰였다면 'g, d, r, b'를 사용하고, 받침소리로 쓰였다면 'k, t, l, p'를 사용한답니다.

ㄱ	광화문 → Gwanghwamun, 임진각 → Imjingak
ㄷ	담양 → Damyang, 호미곶[호미곧] → homigot
ㄹ	구리 → Guri, 임실 → Imsil
ㅂ	부산 → Busan, 다보탑 → Dabotap

발음대로 표기했는데 읽는 사람이 헷갈릴 가능성이 있는 단어들은 줄표 '-'를 사용하면 좋아요. 예를 들어, '중앙'의 경우 만약 줄표가 없다면 'Jungang'을 '중앙'으로 읽기도 하고, '준강'으로 읽을 수도 있거든요. 그래서 '중앙'은 'Jung-ang'으로 줄표를 사용한답니다.

또한 성명을 쓸 때도 이름 사이에 줄표를 넣어요. 이름이 '한가은'이라면, 성과 이름은 띄고 이름 사이에만 줄표를 넣어 'Han Ga-eun'으로 나타낸답니다.

로마자 표기와 이미 다르게 써 온 단어들은 어떻게 하나요?

우리나라를 대표하는 음식 '김치'를 로마자 표기법대로 쓰면 'Gimchi'가 됩니다. 하지만 우리는 이제까지 'Kimchi'로 써 왔으며 옥스포드 영어사전에도 이미 'Kimchi'라고 표기돼 있지요. 이렇게 이미 표기가 자리잡은 경우 무리하게 수정하지 않고 기존 표기를 받아들여 'Kimchi'로 쓰는 것을 허용한답니다.

엄마는 어떻게 드라마 뒷이야기를 다 알고 계실까요?

드라마에서 주인공이 손을 다쳐서 의과시험을 못 치르게 생겼어요. 과연 시험장까지 가게 될까 조마조마해 하던 나에게 어머니는 말씀하셨어요. "시험 잘 치고 합격할걸?" 어머니는 드라마 작가도 아닌데 어떻게 뒷이야기를 알고 계실까요?

드라마 속 단서를 찾아요

연속극은 뒤편을 예측할 수 있는 실마리가 앞편에 암시되는 경우가 많아요. 화면에서 어떤 물건을 유독 자세히 보여 주거나 중요하게 다룬다면 분명 그 소재로 인해 어떤 사건이 전개될 가능성이 있어요.

이제 카메라가 주목하는 중심 소재를 놓치지 마세요.

드라마 속 인물들의 대화도 유심히 살펴야 해요. 사건의 전개 과정을 파악할 수 있으니까요. 그래야 뒷이야기도 예측이 가능하거든요.

이렇게 드라마를 예측하면서 보면 내 예상과 실제 이야기를 비교할 수 있어서 더욱 재밌게 볼 수 있어요. 중심 소재, 대화 내용, 사건을 유심히 보세요. 그러면 앞으로 전개될 이야기를 예측해 볼 수 있어요.

상상력을 발휘해 보세요

드라마 〈미래를 보는 소년〉 2화에서 단서를 통해 앞으로 벌어질 일을 예상해 볼까요? 앞서 말한 중심 소재, 대화 내용, 사건을 살펴보면 되겠지요. 다음 세 가지 단서를 통해 빈칸 안에 앞으로 벌어질 내용을 적어 보세요.

● 정답은 341쪽에서

드라마의 특징

드라마는 시간과 분량이 제한돼 있고 편성표에 따라 정해진 시간에 방영되지요. 1회로 끝나는 드라마를 단막극, 여러 회에 걸쳐서 하는 드라마를 연속극이라고 해요. 연속극을 즐기는 사람들은 방영 시간에 맞춰 늦지 않게 귀가해요.

드라마는 작가, 연출가, 배우, 촬영팀, 조명팀, 음향팀, 의상팀, 소품팀, 편집팀 등 여러 사람이 함께 만들어요.

연극이나 영화는 입장료를 받지만, 텔레비전 드라마는 따로 입장료를 내지 않아요. 대신 TV방송 수신료(TV방송을 보기 위해 수상기를 가지고 있는 사람이 내는 돈)를 내야만 방송을 시청할 수 있지요.

드라마는 극중에서 연극보다 좀 더 자유롭게 시간을 건너뛸 수 있어요. 연극은 무대 위에서 실시간으로 상연되지요. 드라마는 이미 촬영된 장면을 자르고 이어 붙이는 편집 과정을 거쳐 완성돼요.

시가 노래 가사가 될 수 있다고요?

라디오에서 "나 보기가 역겨워 가실 때에는 죽어도 아니 눈물 흘리오리다"라는 노래 가사를 들었어요. 그런데 아버지께서 그 노래 가사가 원래 시라고 하시네요. 어떻게 시가 노래 가사가 될 수 있죠?

시는 무엇인가요

 시의 특징을 알면 자연히 이해할 수 있을 거예요. 시란 무언가를 보고 마음속에 떠오르는 생각이 있을 때 그것을 함축적인 짧은 글로 나타낸 것이에요. 만약 시를 쓰고 싶다면 주변의 것들을 천천히 보면서 마음에 떠오르는 생각을 잘 기억해 두세요. 그런 후에 자신이 본 것에 대한 느낌과 생각을 짧은 글로 표현하면 돼요. 그런데 짧게 쓰기만 한다고 시가 될까요? 시의 몇 가지 특징을 살펴봐요.

● 운율이 느껴져요

운율이란 시에서 느껴지는 말의 가락, 리듬을 말해요. 같은 말을 여러 번 반복하거나 글자 수를 일정하게 맞추면 자연스럽게 운율을 느낄 수 있지요.

까치가 울어서
산울림.

아무도 못 들은
산울림.

까치가 들었다
산울림.

저 혼자 들었다
산울림.
_윤동주, 「산울림」

이 시는 '까치가', '산울림', '들었다'라는 말이 반복해 나오고 각 연에서 글자 수 3자씩, 어절 수가 3번 반복되는 특성이 있어요. 이런 반복으로 운율이 생기지요.

운율이 느껴지는 시를 읽다 보면 마치 노래 부르는 것처럼 느껴져요. 노래와 시는 전혀 다른 것 같지만 비슷한 점이 많아요. 이런 이유로 시가 노랫말로 자주 쓰여요. 앞서 질문한 내용처럼 김소월 시인의 시 「진달래꽃」은 유명한 가수의 노래로 만들어져서 많은 사람들의 사랑을 받았지요.

● **비유를 사용해요**

시는 생각과 느낌을 전할 때 비유를 사용해요. 비유란 어떤 사물이나 현상을 그와 비슷한 다른 사물이나 현상에 빗대어 표현하는 것을 말해요.

길은
포도 덩굴

몇 백 년이나 자라
땅덩이를 다 덮었다

이 덩굴
가지마다

포도송이 같은
마을이 있고

포도알 같은
집들이 달렸다
_김종상, 「길」 중에서(『국어 읽기-5학년 1학기』)

이 시에서는 길, 마을, 집을 각각 포도 덩굴, 포도송이, 포도알로 비유해 마을 풍경을 생생하고 인상적으로 표현했어요.

버들강아지는 보들보들하다.
강아지 털같이 너무 보들보들하다.
_이수연, 「버들강아지」 중에서(탁동철 엮음, 『까만 손』, 보리, 2002)

이 시에서는 버들강아지를 강아지 털에 비유해 읽는 이가 버들강아지의 촉감을 생생히 느끼도록 했어요.

● **간결하게 표현해요**
시 문장은 간결하고 함축적이에요. 설명문을 쓰듯 구구절절 풀어내거나 일상적인 언어를 그대로 쓰지 않아요. 그보다는 한 단어 속에 많은 뜻을 한데 모아서 쓰지요.

이 숲도 한때는
흰 눈이 얹힌
나뭇가지였겠지.
_타다토모의 하이쿠, (류시화 엮음, 『한 줄도 너무 길다』, 이레, 2000)

일본의 전통 문학 하이쿠는 아주 짧은 시예요. 하이쿠에는 간결성이라는 시의 특징이 잘 드러나지요. 위 시를 보세요. 시인은 숯을 바라보며 숯이 나무였던 시절을 떠올려요. 숯은 검고, 눈은 하얗죠. 두 가지 색이 강한 대비를 이루고 있어서, 이 시를 읽다 보면 흰빛 속에서 젊음을 자랑하던 건강한 나무가 한 줌 소박한 숯 조각으로 삶을 마무리하기까지, 나무의 일생이 우리 눈앞에 펼쳐져요.

● **이미지가 떠올라요**

시를 읽으면 마음속에 떠오르는 장면과 분위기가 있어요. 시의 분위기는 시의 배경, 시에 나타난 표현, 글감에 대한 시인의 생각을 통해 표현돼요.

시를 쓰고 싶다면

시를 잘 쓰기 위해 억지로 내용을 꾸며 쓰거나 거짓을 쓰면 감동이 전해지지 않아요. 시는 내가 느낀 것을 솔직하게 표현해야 읽는 이에게 감동을 줄 수 있어요.

여자애들은 답을 정해 놓고 물어본다

내 머리 이상하지 않아?
—예뻐.

이 옷 괜찮아?

—예뻐.

솔직히 쟤보다 안 예쁘지?
—예뻐.

솔직히 말했다간 죽는다
_이병승, 「어려운 대답」(『초록 바이러스』, 푸른책들, 2010)

이 시에는 남자아이의 마음이 아주 솔직하게 표현돼 있어요. 아무리 정직한 것이 좋다고는 해도 가끔은 솔직한 것만이 최선은 아니라는 생각이 들지요. 이런 마음이 드러난 마지막 부분을 읽을 땐 왠지 모를 웃음도 나면서 공감이 가요.

또, 좋은 시를 쓰려면 어떤 대상을 남들과는 다르게 보는 자기만의 시각이 필요해요.

"이건 비밀이야."
친구가 귓속으로 쑤욱
밀어 넣은 비밀이란 벌레 한 마리.
_오은영, 「비밀이란 벌레」 중에서(『넌 그럴 때 없니?』, 파랑새어린이, 2010)

비밀을 벌레로 표현해서 무척 새롭게 느껴져요. 이처럼 시를 쓰려면 남들과는 다른 자신만의 눈으로 대상을 바라보는 시각이 필요해요.

시낭송 잘하는 방법이 따로 있나요?

학예회에서 시낭송을 하기로 했어요. 평소 국어책 읽듯이 연습하니 뭔가 밍밍하고 재미없는 느낌이 들어요. 시낭송을 잘하고 싶은데, 어떻게 해야 할까요?

시를 잘 읽는 네 가지 방법

사랑의 설렘을 표현한 시는 기쁨으로 가득하지만, 이별의 슬픔을 표현한 시는 아주 슬퍼요. 시 속에는 기쁨과 슬픔, 외로움과 즐거움 같은 정서가 담겨 있어요. 그래서 시를 낭송할 때는 뉴스를 전달하는 아나운서처럼 차분하게 또박또박 읽는 것이 아니라 시의 느낌을 잘 살려 내야 청중의 공감을 불러일으킬 수 있어요. 자, 그럼 시를 잘 읽는 방법에 대해 알아볼까요?

● 반복되는 표현을 살려서

시에서 되풀이되는 말과 일정하게 반복되는 글자 수를 찾아보세요. 시에는 반복되는 표현이 자주 등장해요. 반복되는 표현은 시에 리듬감을 줘 노래하는 것처럼 들리게 해요.

글자 수가 반복되는 부분은 끊어 읽는 것이 좋아요. 끊어 읽으면 박자가 있는 것처럼 느껴지니까요. 시낭송할 때는 반복되는 말이 주는 운율을 살려 노래하듯 읽도록 해요.

● 재미있는 표현을 찾아서

시에서 재미있는 표현을 찾아보도록 해요. 재밌는 특징을 잘 살려 읽으면 시가 마음에 바짝 와 닿지요. 예컨대 의성어나 의태어는 말속에 운율이 살아 있기도 하고 표현하는 대상의 개성을 실감나게 전달해요. 낭송할 때 이런 부분을 놓치지 않고 잘 표현한다면 시의 느낌을 더욱 생생하고 실감나게 전달할 수 있어요.

● 마음속으로 깊게 음미하며

시의 느낌을 살려 읽으려면 먼저 시를 잘 이해해야겠죠. 시를 이해하는 특별한 비법이 따로 있지는 않아요. 다만 한 편의 시라도 느긋하게 여러 번 읽으면서 자기의 경험과 다양한 상상력을 연결시켜 읽다 보면 그 맛을 즐길 수 있게 되지요.

시는 사람들이 그냥 지나치는 작고 사소한 소재, 이를테면 코스모스·자갈·나무·새로부터도 특별함과 아름다움을 발견해 내지요. 그것은 대상에 대한 오랜 관찰과 애정에서 얻어지지요. 시를 읽는 것 또한 마찬가지이지요. 그냥 휙 읽어 내려가면 큰 감흥을 느낄 수 없어요. 천천히 그리고 충분한 시간을 들여 시를 느끼고 마음속에 담아야만 감동을 느낄 수 있고, 더 나아가 내가 느낀 감동을 제대로 전달할 수 있어요.

● 장면이나 분위기를 떠올리며

시를 여러 번 읽으면서 내용을 파악하면 마음속에 떠오르는 모습이 있어요. 시의 장면과 분위기를 생각하면 더 실감나게 읽을 수 있겠죠?

이제부터는 시의 리듬, 표현, 장면을 생각하며 낭송해 보도록 해요.

시를 이야기로 만들 수 있나요?

시 한 편을 읽었는데, 그 감동이 이렇게 오래 갈 줄 몰랐어요. 아무래도 잊혀지지가 않아서 아예 외워 버렸는데도 뭔가 성에 차지 않아요. 그래서 새롭게 도전해 볼까 해요. 이 시에서 느낀 감동을 이야기로 새롭게 만들어 볼까 하고요.

문학의 멋진 변신

만화영화 〈머털도사〉에 나오는 머털이는 변신의 귀재예요. 머리카락 한 올만 뽑으면 무엇이든지 원하는 것으로 변할 수 있어요. 그런데 시나 이야기도 머털이 못지 않게 변신을 잘한다는 사실을 알고 있나요? 이쪽저쪽 모습을 바꾸어 가며 새롭게 태어난답니다.

시를 이야기로만 바꿀 수 있는 게 아니에요. 희곡이나 편지글로 바꿔 쓸 수도 있고, 거꾸로 이야기를 시로 바꿔 쓸 수도 있어요. 이 같은 활동을 '각색'이라고 부른답니다. 문학의 여러 장르는 활짝 열려 있어요. 단, 장르 각각의 특성을 이해하고 그렇게 각색하는 효과를 잘 이해할 때 이 변신도 의미를 지니겠지요.

시를 이야기로 바꾸고 싶어요

시는 비유적인 표현이나 감각적인 표현을 사용해요. 반복되는 말을 자주 사용해 노래하는 듯한 느낌을 주기도 하지요.

이야기는 장면을 묘사하거나 글쓴이의 생각을 자세하게 쓰지요. 또한 줄글과 대화글을 주로 사용합니다.

이렇게 장르가 다른 시와 이야기를 바꿔 쓰는 게 가능할까요? 장르가 다르고 특징이 다르기 때문에 오히려 바꿔 쓰는 데 더 큰 재미를 느낄 수 있어요.

● 제목과 주제 정하기

먼저 제목과 주제를 정해야 해요. 물론 원래의 시와 같은 제목과 주제로도 이야기를 쓸 수 있어요. 하지만 만약 어떤 시를 읽고 난 후 그 시에서 특별한 인상을 받아 새로운 이야기를 창작하고 싶다면 나만의 제목과 주제를 생각해 보는 게 좋겠지요.

● 인물, 사건, 배경 만들기

이제 이야기의 주요 요소인 인물, 사건, 배경을 만들어 나갈 단계입니다. 시 속에 등장하지 않는 새로운 인물을 추가할 수도 있고, 새로운 사건을 만들거나 기존의 사건 중 일부를 생략할 수도 있지요. 배경 역시 '때'를 나타내는 시간적 배경, '곳'을 나타내는 공간적 배경을 충분히 상상해 보세요.

● 이야기의 흐름 구성하기

이제 처음, 가운데, 끝으로 이야기 흐름을 구성해 본격적으로 바꿔 쓰기에 들어갑니다. 필요한 부분에 대화글을 넣을 수도 있겠지요?

영화 속 명대사는 왜 사람마다 다를까요?

영화를 보고 나면 유독 머릿속에 오래 남는 장면이나 귓가에 맴도는 대사가 있어요. 이야기를 읽어도 기억에 남는 한두 구절이 있지요. 그런데 같은 책이나 영화를 보더라도 사람마다 기억에 남는 문구나 장면이 조금씩 달라요. 왜 사람마다 기억하는 내용이 다른 걸까요?

문학 | 291

어떤 표현이 인상에 남나요

시, 동화, 영화 등 예술 작품을 접하고 나서 자꾸 생각나는 문구나 장면, 머릿속에 맴도는 대사가 있지요? 누구든 어떤 작품을 만나면 그에 대한 자신만의 인상을 가지게 돼요. '인상'이란 마음속에 뚜렷하게 남아 잊히지 않는 느낌을 말하지요. 그럼 우리는 주로 어디서 이런 인상을 받게 되는 걸까요?

먼저 시에서 인상적인 표현을 알아보도록 해요. 주로 운율을 잘 살린 표현, 비유를 통한 새로운 표현, 새로운 관점이 잘 담긴 표현, 재미있는 표현, 그림을 그리듯 생생한 표현 등에서 강렬한 인상을 얻게 되지요.

그럼 동화에서는 어떤 부분이 오래 인상에 남을까요? 주로 인물의 말이나 행동이 실감나게 표현된 부분, 사건의 변화가 흥미진진하게 표현된 부분, 장면이 눈앞에 그려지듯 잘 묘사된 부분 등이 기억에 오래 남지요. 이런 부분은 이야기를 생생하게 떠올리게 해 주기도 하고, 인물의 마음에 쉽게 공감할 수 있게 하지요.

이런 부분을 통해 우리는 깊은 감동을 맛볼 수 있으며 더욱더 작품의 재미에 빠져들게 되지요. 물론 재미있었다, 재미없었다 하는 추상적인 느낌도 작품이 남긴 전체적인 인상이라고 할 수 있어요.

예술 감상을 다른 사람과 공유할 때 기억할 점

같은 시나 동화를 읽더라도, 같은 그림·음악·영화를 접하더라도 그에 대한 생각이나 느낌은 사람마다 달라요. 이는 사람에 따라 경험, 자라 온 환경, 또는 상상력이 다르기 때문이에요.

다른 사람과 생각이나 느낌을 함께 나누다 보면 인물의 말이나 행동에 대한 해석이 받아들이는 사람에 따라 다르다는 놀라운 사실을 접하게 되지요. 그뿐만 아니라 내 입장에서는 미처 생각하지 못했던 부분까지 다른 사람의 감상을 통해 알 수 있어요. 이 과정에서 우리는 작품을 더욱 깊이 이해하게 되고 생각의 폭도 넓어져요. 그러니 예술 감상을 할 때는 다른 사람과 느낌이나 생각을 나눠 보는 것이 좋겠죠?

어떤 인물이 이야기 속 주인공이 될까요?

아버지의 눈을 뜨게 하려고 인당수에 풍덩 뛰어든 '심청이', 먹으면 작아지는 마법의 설탕 두 조각을 드려 부모님을 작아지게 만든 '렝켄', 나쁜 어린이표를 받다가 급기야는 자신의 수첩에 나쁜 선생님 점수를 매긴 '건우'……. 이런 인물들은 왜 우리 기억에 남는 거죠?

어떤 인물이 기억에 남나요

이야기 속 인물이 나와 비슷한 경험을 해서 깊게 공감한 경우, 그 인물의 말이나 행동이 진한 감동을 남긴 경우, 나의 꿈을 이야기 속에서 이루는 경우, 나를 신나게 울고 웃게 해 주는 경우……. 우리는 그럴 때 오래오래 그 인물을 기억하게 되지요.

이야기 속 인물을 파헤쳐 봐요

한 편의 이야기 속에는 다양한 인물이 등장해요. 「흥부 놀부」를 통해 살펴볼까요? 온갖 고생을 겪으며 살아가지만 마음만은 착한 흥부, 흥부가 얻은 보물까지 탐내는 욕심꾸러기 놀부, 흥부의 도움을 받고 은혜를 갚는 제비, 그 밖에 탐욕스런 놀부의 아내와 어진 흥부의 아내 등 등장인물이 무척 다채로워요. 이처럼 여러 인물들이 등장해 함께 사건을 이끌며 재미있고도 실감나는 이야기를 만들어 가요.

● 주인공과 주변인물

흥부와 놀부처럼 이야기의 중심이 되는 인물을 주인공이라고 불러요. 주인공 외에 제비처럼, 주인공을 돋보이게 하거나 이야기가 잘 흘러가도록 도와주는 인물을 주변인물이라고 해요.

● 주동인물과 반동인물

이야기를 주도적으로 이끌어 가는 인물을 주동인물, 주동인물과 갈등을 일으키는 인물을 반동인물이라고 해요. 흥부는 주동인물, 놀부는 반동인물이겠지요.

- **평면적인 인물과 입체적인 인물**

이야기 속에서 태도나 성격이 한결같이 유지되는 인물을 평면적인 인물, 사건을 통해 변화를 겪는 인물을 입체적인 인물이라고 해요. 흥부는 처음부터 끝까지 착한 성격이 변하지 않기 때문에 평면적인 인물이겠지요. 그런가 하면 처음에는 나쁜 마음을 가졌지만 마지막에는 반성하고 마음을 고쳐 먹는 놀부는 입체적인 인물에 속한답니다.

- **전형적인 인물과 개성적인 인물**

어떠한 사회나 집단을 대표하는 성격을 지닌 전형적 인물도 있고, 반대로 독특한 성격을 지닌 개성적 인물도 있어요. 아무리 형이 못되게 굴어도 형에 대한 믿음을 저버리지도 탓하지도 않는 아우 흥부는 형제간 우애를 중시하는 모습으로 보아 유교 사회를 살던 사람들의 가치관을 대변하는 전형적 인물이라고 볼 수 있겠지요.

인물의 성격을 어떻게 알 수 있을까요

어떤 인물이 어떤 성격이냐에 따라 이야기의 흐름이 완전히 달라져요. 사건 전개에도 큰 영향을 미치지요. 각기 다른 인물들의 성격을 올바르게 이해해야 이야기도 바르게 이해할 수 있어요.

그럼 인물의 성격은 어떻게 알 수 있을까요? 작가가 이야기 속에서 직접 말해 주는 경우도 있지만, 대부분은 등장인물의 말과 행동을 통해 간접적으로 드러나요. 따라서 이야기 속에서 인물이 하는 말이나 행동을 보면 그 인물의 성격을 알 수 있지요.

예시

인물의 말과 행동	인물의 성격
"기다릴 수 없어! 오늘 당장 떠나자."	성격이 굉장히 급해요.
'쥐가 나타났다는 말에 얼른 탁자 위로 올라갔습니다.'	겁이 무척 많아요.
쉴 새 없이 두리번거리는 모습이 꼭 세상 구경을 처음하는 아기 같습니다.	호기심이 많아요.
"상당히 비논리적이군."	의심이 많고 이성을 중요하게 생각해요.
길을 걷다 처음 마주치는 개나 고양이에게 마치 친한 친구에게 하듯 인사합니다.	동물을 좋아해요.
그는 차디찬 시선으로 대답했습니다. "말씀 드렸다시피 저하고는 관계없는 일입니다."	매정해요. 다른 사람과 얽히는 것을 좋아하지 않아요.

이야기 속 여러 사건, 어떻게 만들어질까요?

이야기를 읽다 보면 '우린 지금 이렇게 안 하는데, 이땐 왜 이렇게 했지?', '나라면 이렇게 안 했을 텐데……' 하고 의아해 할 때가 있어요. 이야기 속 사건 전개에 영향을 미치는 것에는 무엇이 있을까요?

그 사건은 그 시대였기 때문에 일어났대요

만약 이순신 장군이 바다에서 싸움을 잘하는 일본군과 전쟁을 치른 시대에 태어나지 않았다면 거북선이 만들어질 수 있었을까요?

어떤 사건이 일어나는 데는 그 당시 시대상황이 주요한 원인이 돼요. 그렇기 때문에 사건과 사건을 둘러싼 인물들을 이해하는 데 꼭 필요한 것이 바로 이야기 속 시대상황이랍니다. 시대상황을 알면 사건이 일어난 까닭을 보다 깊이 이해할 수 있어요. 또한 그 사건이 지닌 의미까지 이해할 수 있게 되지요.

따라서 책을 읽을 때는 당시 현실과 사건을 관련지어 읽는 것이 중요해요. 그러기 위해서는 사건이 일어난 당시의 현실을 알아야 하고 당시의 현실 상황이 사건을 일어나게 한 맥락을 살펴봐야 해요.

● 세종은 어떤 시대를 살았나

예를 들어 세종이 훈민정음을 창제하던 때를 생각해 봐요. 당시는 어려운 중국 글자를 사용해서 양반이 아니고는 문자를 배워서 읽고 쓸 엄두를 내지 못했어요. 글을 읽고 쓴다는 것은 양반들만의 특권과도 같았어요. 이에 세종은 어떻게 하면 더 많은 백성들이 글을 쉽게 깨칠 수 있을까를 궁리해요. 그러한 고민 끝에 나온 것이 바로 지금 우리가 사용하는 한글이에요. 이렇게 하나의 사건이 일어나는 데에는 당시의 시대상황이 큰 밑바탕이 되지요.

사건은 인물의 성격에 따라 변해요

세종이 백성을 사랑하는 마음이 없었다면? 끊임없이 사대부들의 반대에 부딪칠 때 쉽게 고집을 꺾었다면? 그랬다면 과연 훈민정음이 창제될 수 있었을까요? 그 오랜 시간 한자를 써 왔고 백성들이 불편을 느꼈어도 모든 임금이 다 글자를 만들지는 않았지요. 이렇게 한 사건이 일어나는 데는 인물의 성격도 큰 영향을 미쳐요. 인물의 성격에 따라 사건이 변화해 결과에 큰 영향을 미치지요. 하나의 사건이 또 다른 사건의 원인이 되기도 하고요.

그렇기 때문에 이야기를 읽을 때는 인물의 말과 행동을 통해 성격을 파악하고 인물의 성격이 사건 전개에 어떤 영향을 미치는지까지 살펴야 해요.

이야기 바꾸기

시대상황이나 인물의 성격이 사건 전개에 얼마만큼 영향을 미치는가를 알려면 이야기 속 여러 가지 조건을 바꿔 생각해 보세요. 예를 들어 볼까요?

- 놀부가 착하다면 제비 사건이 벌어질 수 있었을까?
- 피노키오가 처음부터 정직한 아이였어도 그 엄청난 모험을 겪을 수 있었을까?
- 세종이 2000년대에 태어났다면 어떤 모습으로 어떤 일을 하고 있을까?

소설가가 되고 싶어요

전 소설가가 꿈이에요. 아이디어가 떠오를 때는 재미있을 거라며 열심히 쓰는데 정작 완성 후 읽어 보면 재미없게 느껴져 속상할 때가 많아요. 어떻게 하면 재미있는 이야기를 쓸 수 있을까요?

소설이란

『아라비안나이트』를 알고 있나요? 결혼식을 올린 다음 날 왕비를 사형에 처하는 왕이 있었어요. 무수히 많은 아가씨들이 이 왕과 결혼식을 올리고 죽었죠. 그런데 유일하게 셰에라자드라는 소녀만이 살아남습니다. 타고난 말솜씨로 왕에게 하루에 한 가지씩 1,000일 동안 재미있는 이야기를 들려준 덕분이래요. 여러분이 알고 있는 「알라딘과 요술램프」, 「알리바바와 40인의 도둑」도 셰에라자드가 왕에게 들려준 이야기 중 하나랍니다. 소설가라면 셰에라자드처럼 재미있게 이야기할 수 있는 이야기꾼이어야겠지요?

소설은 현실 세계에서 실제로 있을 법한 이야기를 상상력을 발휘해서 쓴 것이지요. 지어낸 이야기이기는 하지만 허무맹랑한 이야기는 아니랍니다.

작가는 소설을 쓰기 위해 먼저 이야기를 통해 전하고자 하는 생각, 즉 주제를 정하고 그것을 재미있게 풀어나가기 위해 필요한 소설 구성의 요소를 선택해요. 소설 구성의 3요소는 인물, 사건, 배경이지요. 어떤 인물을 등장시킬지, 시간적·공간적 배경은 어디로 할지, 그리고 어떠한 사건을 만들어 이야기를 흥미롭게 만들지를 생각해야지요. 마지막으로 글쓴이만의 독특한 개성이 묻어나는 표현 방식으로 이야기를 써 나가면 소설이 완성된답니다.

소설을 써 나가는 과정에서 유의할 점

이어질 내용을 상상해 쓸 때는 앞이야기와 뒷이야기가 어울리도록 이야기를 자연스럽게 진행시키는 것이 중요하답니다. 그러기 위해서는 무조건 써 나가기보다는 인물의 성격은 어떻게 변화해 왔는지, 사건은 어떻게 진행돼 왔는지를 잘 돌아봐야 하지요. 앞과 이어지지 않는 전혀 새로운 이야기를 해 나간다면 읽는 사람이 많이 당황스러울 거예요. 횡설수설한 글은 독자에게 혼란을 주지요.

이야기 속에 대화 글이나 반전 장치를 넣어 보는 것은 어떨까요? 대화 글은 이야기 자체를 실감나게 만들어 주고, 반전 장치는 독자의 예상을 빗나가게 만들어 재미를 줄 수 있어요.

아이디어 생각해 내는 방법

좋은 아이디어를 만들기 위해서는 다양한 직접·간접적 경험과 생각하는 힘이 필요해요. 이것을 바탕으로 아이디어를 생각해 내는 방법에는 여러 가지가 있지요. 어렵지 않아요. 여러분도 한 번 따라해 보세요.

① **브레인스토밍**: 어떤 주제에 대해 순간적으로 자기 머릿속에 있는 생각을 떠올리는 활동이에요. 낙서하듯이 자유롭게 종이에 생각을 써 보면서 아이디어를 찾아내요.

② **생각그물, 생각지도**: 주제와 관련해 떠오르는 자신의 생각을 지도 그리듯 펼쳐봐요. 꼬리에 꼬리를 물고 이어지는 생각을 거미줄처럼 그려서, 필요한 부분을 선택해 구체화시켜요.

③ **관련 자료 수집**: 책, 뉴스, 신문, 인터넷 등 자료를 통해 아이디어를 모으는 방법이에요.

묘사를 잘하려면 어떻게 해야 하나요?

집에 오는 길에 아주 예쁜 강아지를 한 마리 봤어요. 그런데 이 강아지의 종류가 뭔지 생각나지 않아서 친구에게 그림으로 그려 보여 줬는데 잘 모르겠다고 하네요. 다른 좋은 방법이 없을까요?

묘사란

　말과 글로 설명하는 방법이 있어요. '퍼그'를 상상하며 한번 이야기해 볼까요?

예시

강아지의 몸집은 30cm 정도였고 연한 갈색 털이 짧게 나 있었어. 주둥이는 짧아서 참 밋밋해 보이는데 반대로 눈은 붕어처럼 툭 튀어나와 있더라. 제일 재미있었던 것은 강아지의 표정이었어. 이마와 눈 앞쪽으로 우리 할아버지처럼 굵은 주름이 많이 있었거든. 굉장히 고민이 많아서 무척 괴로워하는 것처럼 보였어.

어때요? 모습이 그려지나요?

사람이나 물건과 같은 대상, 또는 어떤 현상을 마치 눈에 보이는 것처럼 그림 그리듯 표현하는 것을 '묘사'라고 해요. 묘사가 잘된 작품일수록 글을 읽는 사람은 생생하게 장면을 상상하고 분위기를 느낄 수 있어요. 눈에 보이는 것뿐만 아니라, 귀에 들리는 것도, 혀로 느끼는 맛도, 코로 맡는 냄새도, 피부에 닿는 촉감도 모두 묘사로 나타낼 수 있어요.

이렇게 묘사해요

먼저 대상을 골라 보세요. 대상을 선택했으면 자세히 관찰해 봅니다. 색깔, 맛, 냄새, 촉감 등을 요리조리 살펴보지요. 만약 움직이는 대상이라면? 움직일 때 어떤 소리가 나는지, 어떻게 움직이는지 그 변화까지도 세심하게 관찰해요.

관찰이 끝나면 본격적으로 묘사를 시작해요. 몇 가지 팁을 알아보도록 하지요.

- 보통 전체를 먼저, 부분을 나중에 묘사해요. 하지만 특별히 인상적인 부분이 있다면 그 부분부터 묘사하기도 해요. 정해진 순서는 없답니다.

- 움직이는 대상은 시간의 흐름에 따라, 공간의 이동에 따라 묘사할 수 있답니다. 즉 변화해 가는 모습을 표현할 수 있답니다.

- 사실만을 잔뜩 늘어놓기보다는 적절한 비유를 곁들이면 더욱 좋아요. '몸집이 크다'보다는 '몸집이 코끼리만큼 크다'고 표현하는 것이 특징을 그리기에 더욱 효과적이랍니다.

- 너무 추상적인 말을 나열하는 것은 좋지 않아요. 또 욕심만 앞서 했던 말을 다르게 바꾸어 또 쓰는 등 장황하게 표현하는 것은 좋지 않아요.

설명과 묘사

설명과 묘사 모두 상대방에게 무언가 알려 주려고 글을 쓰는 방법이에요. 설명은 어떠한 사실이나 정보를 객관적으로 전달해요. 비교, 대조, 분류, 예시 등의 방법을 사용해서요. 반면 묘사는 글쓴이가 보여 주고 싶은 상황이나 대상을 그림 그리듯 본 대로 전달하는 방식이랍니다.

설명

딸기는 전체적으로 빨간색이며 꼭지 부분은 초록색을 띄고 있어. 딸기 표면에는 검은 점이 많이 있는데, 이것이 바로 딸기 씨란다. 딸기는 다른 과일과는 다르게 씨가 밖으로 드러나 있어. 그런데 딸기를 심을 때는 이 씨를 이용하지 않아. 딸기는 줄기를 잘라 옮겨 심는단다.

묘사

딸기는 약간은 둥그런 역삼각형 모양에 빨간색을 띄고 있어. 아래쪽이 가장 빨갛고 꼭지가 달려 있는 윗부분으로 갈수록 붉은빛이 연해진단다. 꼭지는 초록색이라서 빨간 얼굴의 아이가 초록색 모자를 쓰고 있는 모습이야. 딸기의 가장 큰 특징은 얼굴 가득히 나 있는 주근깨야. 까만 씨가 딸기 전체에 촘촘히 박혀 있단다. 딸기에서 풍기는 향긋한 내음을 맡으면 저절로 코가 벌름벌름해진다구.

적반하장도 정도껏?

온갖 말썽은 다 부리면서도 잘못을 반성하기는커녕 피해 입은 쪽에 오히려 잘못을 떠넘기는 친구가 있어요. 어른들은 이런 경우 '적반하장이 따로 없어요' 하던데 왜 이렇게 어려운 말을 쓰는 걸까요?

빗대어 표현해요

'비유'란 무엇일까요? 직접적으로 말하는 것보다 비유를 들어 표현하는 것이 훨씬 더 이해가 쉽게 되는 경우가 있어요. 이처럼 빗대어 표현하는 것을 바로 비유라고 해요. 특정 사물뿐만 아니라 어떤 모습이나 상황, 감정도 비유적 표현을 사용하면 훨씬 효과적으로 드러낼 수 있어요.

고사성어를 사용해 비유적으로 표현해요

'적반하장(賊反荷杖)'이라는 고사성어가 있어요. 이 말은 도둑이 도리어 매를 든다는 뜻으로 다음과 같은 상황에서 쓸 수 있겠지요. '짝은 제 도화지에 물감을 잔뜩 쏟아 놓고는 저한테 신경질을 내요. 적반하장이 따로 없어요.' 이렇게 잘못을 저지른 사람이 오히려 화를 내는 것을 '적반하장'이라는 말로 표현할 수 있어요.

이처럼 고사성어는 어떤 상황을 함축해 놓은 말이기 때문에 일상생활에서 비유적 표현으로 많이 사용돼요.

예술 작품 속 비유

작가들은 비유적 표현을 많이 쓰지요. 그래서 시, 동화, 소설 등의 글을 읽다 보면 비유적인 표현을 쉽게 찾을 수 있어요.

비유적 표현을 잘 쓰려면 비유한 대상과 그 대상을 빗대어 표현하는 대상 사이의 공통점을 잘 찾아야 해요. 이때 누구나 생각하는 공통점이나 대상이 아닌 새로운 것을 찾아야 참신한 비유가 될 수 있어요. 예를 들어 볼까요?

걸레는 하루에 한 번 이상
스케이트를 타고 다닌다.
—얼마나 신날까?
_우장초등학교 최현위 「걸레」 중에서

'걸레는 하루에 한 번 이상 바닥을 닦는다'라는 표현을 '걸레는 하루에 한 번 이상 스케이트를 타고 다닌다'로 쓰면 훨씬 새롭고 마음에 와 닿게 느껴져요. 여기서 걸레와 스케이트는 바닥을 닦는다는 공통점이 있지요. 시에서 비유적 표현을 사용하면 시 장면이 마음속에 쉽게 떠오르고 생생한 느낌이 들어요.

이야기 전체가 비유일 수도 있어요

때로는 이야기 전체가 비유인 경우도 있어요. 소설 「우리들의 일그러진 영웅」은 시골 초등학교 한 반에서 일어나는 사건을 통해 한 집단 안에서 권력이 어떻게 만들어지고 유지되며, 사람들은 거기에 어떻게 반응하는지가 표현돼 있어요. 이 작품은 독재 권력이 국가를 지배하는 현실을 학교라는 공간으로 비유했어요. 이처럼 이야기 전체가 당시 현실을 비유적으로 표현하기도 해요.

비유적 표현 속에는 복잡한 일이나 상황이 생생하고 구체적으로 담겨 있어 읽는 이의 마음을 움직일 수 있고 감동을 전할 수 있어요. 비유적 표현을 적절히 사용하면 글쓴이의 의도를 보다 잘 전달할 수 있겠지요.

094

그림책은 동화책과 어떻게 다른가요?

저는 그림책을 좋아해서 나중에 그림책 작가가 되고 싶어요. 그런데 그림이 들어 있다고 해서 다 그림책은 아니잖아요. 제가 좋아하는 그림책, 이 책의 정체를 뭐라고 설명해야 좋을까요?

그림책이란

그림이 많고 비교적 글이 적게 들어간 책, 또는 글 없이 그림만으로 이루어진 책을 그림책이라고 하지요.

동화책은 그림 없이도 이야기를 전달해요. 이때 그림은 이야기를 더욱 잘 전달하기 위한 보조적인 역할에 머물지요.

반면 그림책에서는 그림이 표현하지 못한 것을 글이, 글이 표현하지 못한 것을 그림이 표현해 줘요. 그림과 글이 동시에 이야기를 이끌어 가는 책, 이것이 바로 그림책이랍니다.

그림책 읽는 방법

- **표지 읽기**

먼저 책을 읽기 전에 표지를 살펴요. 표지는 제목과 그림을 통해 전체적인 주제와 인상을 요약해 제시할 뿐만 아니라 이야기의 기본적인 특징을 나타내요.

- **면지 읽기**

다음으로 앞면지와 뒷면지를 살펴봐요. 여기에는 본문 내용을 강조하거나 주제를 암시하는 그림이나 글씨가 담겨 있어 책을 보다 아름답고 재미있게 만들어 줘요.

- **본문 읽기**

그림책 본문을 읽어 나갈 때는 그림을 충분히 음미해요. 중심 인물이나 사물의 위치, 크기, 색, 선, 표현 방법을 두루두루 살펴야 해요. 이러한 요소를 통해 인물의 심리를 나타내기도 하고 이야기를 효과적으로 보여 주거든요.

또한 그림 속에서 단서나 숨은 그림을 찾을 수도 있어요. 그 속에 이야기의 결정적 단서를 제시하기도 하거든요. 『괴물들이 사는 나라』, 『숲속으로』, 『돼지 책』, 『동강의 아이들』 등은 숨은 그림이 있는 그림책이에요.

그림책에선 그림이 중요한 역할을 하는 만큼 인물의 표정, 몸짓, 색채 하나하나까지 의미를 담아 표현한 그림 구석구석을 꼼꼼히 살펴야 해요. 그래야 그 책이 주는 메시지를 정확하게 이해할 수 있어요.

그림책을 만들어 볼까요?

우리도 그림책을 만들 수 있어요. 그럼 그림책 만드는 순서를 알아볼까요?

어떤 이야기를 할지 정하기 → 주인공 정하기 → 그림책의 글과 그림을 어떻게 꾸밀지 계획하기 → 제목 정하기 → 그림책 모양 정하기 → 그림책 만들기 → 그림책 내용 꾸미기 → 앞뒤 표지 꾸미기

그림책 모양은 다른 분야 책보다 훨씬 다양해요. 기본 접기 책, 별 책, 무지개 책, 주머니 책 등 생각할 수 있는 수많은 것 중 내용에 어울리는 책의 모양을 찾으면 좋겠지요?

웃음에 대해 알고 싶어요

텔레비전을 볼 때, 만화책을 볼 때, 친구가 재밌는 표정을 지을 때 누가 겨드랑이라도 간질인 것처럼 웃음이 나요. 대체 웃음은 어디서 오는 걸까요?

웃음을 만드는 마법, 풍자와 해학

웃음은 어디서 오는 걸까요? 글로 한번 예를 들어 볼까요? 이야기를 읽다가 혼자 신나게 웃은 경험이 있나요? 그 글들에는 어떤 특징이 있던가요? 사실을 부풀린 과장된 표현, 예상 밖의 결말이나 엉뚱한 돌발 상황, 어려운 문제를 해결하는 재치를 보면서 우리는 신나게 웃고 재미를 느낍니다.

이렇게 웃음을 주는 다양한 요소들은 크게 두 종류로 나뉘어요. 바로 '해학'과 '풍자'지요. 그럼 지금부터 해학과 풍자가 무엇인지 살펴볼까요?

● **해학**

어떤 일이나 인물을 익살스럽고 우스꽝스럽게 표현하는 것을 '해학'이라고 해요. 우리가 잘 알고 있는 고전소설 「흥부전」을 보면 흥부네 집에 있는 화초장을 뺏어 가던 놀부가 장롱의 이름을 잊어 먹고 이렇게 말하지요.

"이것이 뭐라더라? 끄트머리에 무슨 '장' 자가 붙었던 것 같은데, 된장, 고추장, 초간장? 아니여, 아니여, 그것도 아니여. 그러면 송장, 구들장, 모기장? 아니여, 아니여, 석 자 가운데 '화' 자가 하나 들어 있었제. 그렇다면 화순장, 화개장, 화장장……"

이렇게 중얼거리는 놀부를 보며 우리는 놀부의 어리석음에 웃음이 나고, '-장'으로 끝나는 단어가 반복되는 말의 재미도 느낄 수 있어요.

한 장면 더 살펴보지요. 흥부가 배가 고파 놀부네로 밥을 얻으러 갔다가 놀부 부인에게 주걱으로 뺨을 얻어맞는 장면입니다. 흥부는 화를 내기는커녕 뺨에 붙어 있는 밥풀을 뜯어 먹고 반대쪽 뺨을 내밀지요.

"여기도 때려 주십시오, 형수님."

이 장면 또한 우리의 웃음을 자아내요.

이렇게 비꼬는 느낌이나 비난하는 속뜻을 담지 않고 익살스러운 웃음을 주는 것을 해학이라고 해요.

● 풍자

'풍자'란 문제점을 드러내고 비꽈 웃음을 유발하는 것이에요. 우리나라 전통가면극인 「봉산탈춤」에 보면 양반의 하인 말뚝이가 굿거리장단에 맞춰 양반 삼형제를 조롱하는 장면이 나오지요.

> "양반 나오십니다 양반! 양반이라고 하니까 노론 소론 호조 병조 옥당을 다 지내고 삼정승 육판서를 다 지낸 퇴로재상으로 계신 양반인 줄 아지 마시오. 개잘량이라는 '양' 자에 개다리소반이라는 '반' 자 쓰는 양반이 나오신다 그런 말이요."

이에 양반 삼형제는 "야, 이놈! 무엇이 어째?"라고 호통을 치지만 번번이 말뚝이의 말장난에 당하지요. 여기에 등장하는 양반은 그들이 내세우는 권위에 비해 생각도 행동도 부끄러울 만큼 모자란 사람들이에요. 때문에 하인인 말뚝이가 양반의 무식과 결점을 조롱하는 것이지요. 그래서 「봉산탈춤」을 보다 보면 말뚝이의 천연덕스러운 풍자와 거기에 놀아나는 양반들 모습에 절로 웃음이 나오지요.

해학과 풍자는 웃음을 짓게 한다는 점에서는 같지요. 그러나 차이는 분명해요. 해학은 인물에 대해 연민과 동정을 불러일으키는 익살스러운 웃음, 따뜻한 웃음이지요. 풍자는 말뚝이가 양반을 공격하는 것처럼 대상에 대한 쓴웃음, 비판의 날을 품고 있는 날카로운 웃음이라고 할 수 있어요. 「봉산탈춤」에서 양반들을 공격하는 말뚝이의 재치를 보고 양반들이 불쌍하게 느껴지지는 않잖아요?

⟨개그콘서트⟩로 본 해학과 풍자

여러분도 ⟨개그콘서트⟩를 본 적이 있나요?
남하당과 여당당, 두 당 대표가 등장해 남녀차별을 묘사하는 '두분토론'은 일종의 풍자라고 할 수 있어요. 현실을 과장시켜 비판하고 그 속에서 웃음을 주지요.
그런가 하면 '발레리노'나 '달인' 같은 코너는 인물들의 익살스러운 모습에 웃음이 터지기 때문에 해학이라고 할 수 있어요.

재밌는 동화를
연극으로 만들고 싶어요

이번 학예회에서 생텍쥐페리의 『어린왕자』를 연극으로 올리고 싶어요. 그런데 『어린왕자』는 동화책이라서 어떻게 연극으로 꾸며야 할지 잘 모르겠어요. 어떻게 동화를 연극으로 바꿀 수 있을까요?

동화란

연극을 위한 대본 '희곡'이 필요한 상황이군요. 그럼 먼저 동화와 희곡의 특징과 차이를 살펴볼까요?

동화는 주로 어린이 독자를 위해 상상력으로 빚어 낸 이야기를 말해요. 이때, 글쓴이는 동식물을 사람처럼 표현하기도 하고 현실에선 불가능한 일들을 가능하게도 만들어요. 동화는 인물, 사건, 배경으로 구성돼 있어요.

● 인물

동화에는 반드시 인물이 나와요. 사람뿐만 아니라 동식물을 비롯한 사물이 주인공으로 등장하기도 하지요. 『어린왕자』에 등장하는 인물은 누가 누가 있나요? 조종사 '나', 어린왕자, 여우, 뱀, 장미, 왕, 허영심 많은 남자, 술고래, 상인, 가로등지기, 지리학자 등이 있지요.

● 사건

사건은 계속해서 변화하며 이야기를 이끌어 가지요. 사건이 전개될수록 읽는 사람은 점점 더 흥미와 호기심을 느껴 동화에 빠져들어요. 『어린왕자』에 등장하는 첫 사건은 조종사와 어린왕자의 만남이지요. 외딴 사막에서 길을 잃은 조종사는 어린왕자를 만나 그로부터 여러 가지 이야기를 듣게 돼요. 어린왕자가 들려주는 이야기 속에도 작은 사건들이 줄줄이 펼쳐지고 있지요.

● 배경

배경은 크게 시간적 배경과 공간적 배경으로 나눠 볼 수 있어요. 시간적 배경은 시대, 계절, 시간대 등을 말해요. 예를 들어 『어린왕자』에서는 "여섯 살 무렵에", "새벽 무렵에" 같은 표현들이 시간적 배경을 보여 주지요. 공간적 배경은 이야기가 펼쳐지는 장소예요. 예를 들어 『어린왕자』에서는 사하라 사막, 소혹성 B612호, 그 밖에 여섯 개의 별이 공간적 배경이 되고 있지요.

희곡이란

희곡은 무대에서 공연하기 위해 쓰여진 연극 대본이에요. 희곡도 동화처럼 이야기를 담고 있어 인물, 사건, 배경으로 구성돼요. 그래서 희곡과 동화는 등장인물이나 전체적인 줄거리를 비슷하게 짤 수 있어요. 하지만 표현 방식은 다르지요. 동화에서 줄글로 표현된 부분이 희곡에서는 해설과 지문으로 제시되지요. 또한 동화에서 따옴표 처리된 대화문은 희곡에서 대사로 표현돼요. 희곡과 동화는 같은 이야기를 전달하더라도 이렇듯 표현하는 방법이 달라요.

동화를 희곡으로 바꿔 봐요

'희곡 어린왕자'를 쓰려면 먼저 줄거리를 파악해 보세요. 또 어떤 주제를 전달하고 싶은지 친구들과 의견을 모아 보세요. 이제 주제를 전달하기에 가장 적합한 사건을 골라 그 사건을 희곡으로 구성해 보세요. 긴 동화의 모든 사건을 재현하기에는 어려움이 따를 테니까요. 무대 위에서 직접 펼쳐 내기 어려운 사건은 인물의 대사를 통해 회상 형식으로 처리할 수도 있겠네요. 자, 그럼 동화 속 한 장면을 희곡의 형식에 맞춰 새롭게 구상해 볼까요?

동화　어린왕자

여우가 나타난 것은 바로 그때였다.

"안녕."

여우가 말했다.

"안녕."

어린왕자가 얌전히 대답하고 몸을 돌렸으나 아무것도 보이지 않았다.

"난 여기 사과나무 밑에 있어."

좀 전의 그 목소리가 말했다.

"넌 누구니? 참 예쁘게 생겼구나."

어린왕자가 말했다.

"난 여우야."

여우는 말했다.

"이리 와서 나하고 놀자. 난 너무 슬퍼."

어린왕자가 말했다.

"난 너하고 놀 수 없어. 길들여지지 않았으니까."

여우가 말했다.

"아! 미안해."

어린왕자가 말했다.

그러나 잠깐 생각해 본 후에 어린왕자는 다시 말했다.

"길들여진다는게 뭐지?"

"너는 여기 사는 애가 아닌가 보구나. 무얼 찾고 있니?"

희곡 여우, 어린왕자를 길들이다

- **때:** 햇살이 따스한 오후
- **곳:** 지구별, 사과나무가 서 있는 어느 풀밭
- **나오는 사람:** 생텍쥐페리, 어린왕자, 여우

장면1

(어두운 무대 중앙에 불이 들어온다. 그 자리에 사과나무 한 그루가 서 있고, 그 아래 비행기 조종사 옷을 입은 생텍쥐페리가 초조한 듯 고민에 잠겨 있다.)

생텍쥐페리 (비행모를 벗고 인사를 한다.) 안녕하세요? 여러분. 생텍쥐페리 인사드립니다. 저는 지금 큰 궁금증을 하나 안고 있어요. 제 친구 어린왕자 때문이지요. (천천히 무대 위를 거닌다. 그러다 멈춰 서서) 여러분, 세상에 단 하나뿐인 것이 있다고 생각하세요? 제 친구 어린왕자는 저 멀리 외딴 별에 피어난 한 송이 장미를 사랑했지요. 그런데 지구에 와서 수많은 장미를 보게 됐답니다. 그러고는 깊은 슬픔에 잠기지요. (깊은 숨을 내뱉으며) "아, 내 장미는 세상에 단 하나뿐인 장미가 아니었구나!" (잠시 쉬었다) 어린왕자는 수백, 수천, 수억 송이 장미 중에 하나일 뿐인 그 장미를 다시 사랑할 수 있을까요?

(조명이 천천히 어두워진다.)

장면2

(어두운 무대에서 어린왕자가 흐느끼는 소리가 들린다. 무대가 차차 밝아지

면 여우가 등장한다.)

여우 (콧노래를 부르며 춤을 춘다) 어머, 누가 울고 있네? (사과나무 뒤에 숨어서) 안녕!

어린왕자 (눈물을 닦으며 돌아본다. 여전히 흐느끼는 목소리) 안녕! (아무도 보이지 않는 듯) 잘못 들었나?

여우 여기 사과나무 밑에 있어. (여우가 수줍게 몸을 일으켜 나무 앞으로 나온다.)

어린왕자 (슬픔이 묻어나는 목소리. 그러나 호기심에 차서 눈을 반짝이며) 너 참 예쁘구나. 이름이 뭐니?

여우 난 여우야.

어린왕자 (조심스럽지만 간절한 목소리) 이리 와서 나랑 놀자. 난 너무 슬퍼.

여우 (친절한 목소리, 하지만 약간 장난스럽게) 난 너하고 놀 수 없어. 난 길들여지지 않았거든.

어린왕자 (화들짝 놀라며) 아! 미안해. (잠시 생각에 잠긴다.) 그런데 길들인다는 게 뭐니?

여우 (놀란 표정으로) 너는 여기 사람이 아닌가 보구나. 무슨 일로 지구에 왔니?

연극 준비, 무엇부터 하면 될까요?

마을에서 매년 5월 어린이와 청소년이 주도하는 축제를 해요. 올해에는 제가 연극을 하자는 제안을 내 모두가 찬성했어요. 막상 준비하려니 막막하네요. 무엇부터 해야 할까요?

대본을 준비해요

공연을 하려면 대본, 배우, 관객이 있어야 하죠. 그중에서도 가장 먼저 필요한 것은 대본이에요. 배우는 당연히 대본이 있어야 정할 수 있지요.

대본은 해설·지문·대사로 이루어져 있어요. 해설·지문·대사는 등장인물과 사건, 배경이 자연스럽게 연결되도록 써야 하죠. 그럼 실제 대본을 보며 해설·지문·대사의 역할을 알아보도록 할까요?

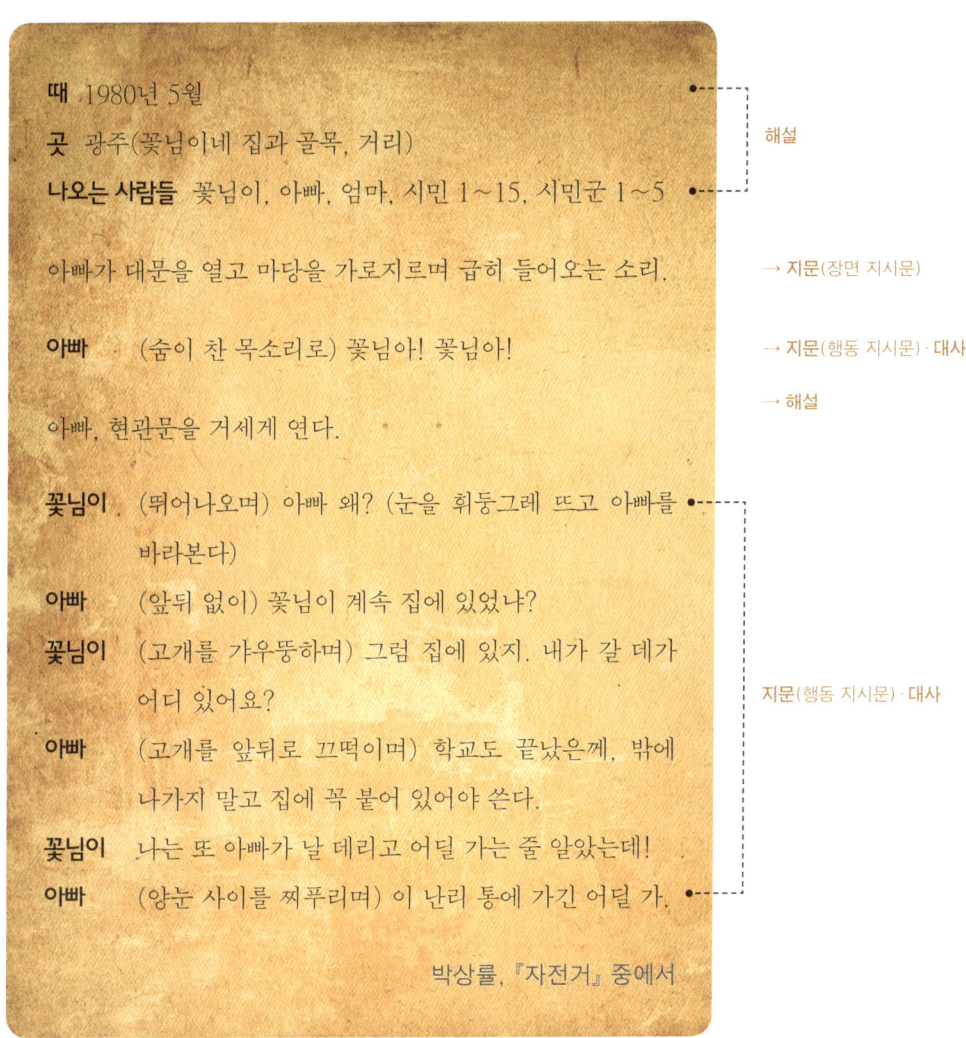

때 1980년 5월
곳 광주(꽃님이네 집과 골목, 거리)
나오는 사람들 꽃님이, 아빠, 엄마, 시민 1~15, 시민군 1~5

아빠가 대문을 열고 마당을 가로지르며 급히 들어오는 소리.

아빠   (숨이 찬 목소리로) 꽃님아! 꽃님아!

아빠, 현관문을 거세게 연다.

꽃님이   (뛰어나오며) 아빠 왜? (눈을 휘둥그레 뜨고 아빠를 바라본다)
아빠   (앞뒤 없이) 꽃님이 계속 집에 있었냐?
꽃님이   (고개를 갸우뚱하며) 그럼 집에 있지. 내가 갈 데가 어디 있어요?
아빠   (고개를 앞뒤로 끄떡이며) 학교도 끝났은께, 밖에 나가지 말고 집에 꼭 붙어 있어야 쓴다.
꽃님이   나는 또 아빠가 날 데리고 어딜 가는 줄 알았는데!
아빠   (양눈 사이를 찌푸리며) 이 난리 통에 가긴 어딜 가.

박상률, 『자전거』 중에서

→ 해설
→ 지문(장면 지시문)
→ 지문(행동 지시문)·대사
→ 해설

지문(행동 지시문)·대사

- **해설**

대본의 첫 부분에서 때, 곳, 등장인물을 설명해요. 또 이야기 중간 중간에 장면이나 등장인물이 어떻게 바뀌는지도 알려 줘요.

- **지문**

등장인물의 행동, 표정, 몸짓, 마음이나 무대의 분위기를 지시하는 부분으로 정확하고 자세하게 써요. 해설이나 대사처럼 무대 위에서 읽는 문장이 아니라, 연기와 무대 장치로 표현되는 부분이에요.

지문은 장면 지시문과 행동 지시문으로 나뉘는데 장면 지시문은 연극의 무대를 지시하고, 행동 지시문은 등장인물의 상호 관계 및 각 인물의 행동을 설명해요.

- **대사**

등장인물이 무대 위에서 하는 말이지요. 대본의 다른 부분과 달리 말하듯이 자연스럽게 써요.

본격적으로 공연 준비하기

- **연기 연습**

대본을 정했다면 대본 속 등장인물의 특징을 파악해서 배우를 정해야겠지요. 배우들은 되도록 역할에 맞는 옷을 입고 실제 무대에 선 것처럼 연습해야 합니다. 많은 관객 앞에 서면 긴장부터 해서 연기가 어색하고 부자연스러워지거든요.

연습하는 동안 동선을 미리 정하세요. 동선이란 등장인물의 위치나 퇴장하는 방향을 뜻해요.

● 무대 만들기

무대 위에 필요한 소품을 준비해요. 소품이란 등장인물이 무대에서 사용하거나 무대 배경으로 사용되는 물건을 말해요. 소품이 너무 많으면 오히려 공연에 방해가 될 수 있답니다. 배우들의 동선이 꼬여 버릴 수도 있고, 관객들의 주의가 분산될 수도 있어요. 그러니 꼭 필요한 것만 써요.

배경이 되는 음악도 골라 두세요. 여러 가지 효과를 내는 소리를 효과음이라고 하는데 이것 역시 필요해요.

분장도 고민해 봐야겠지요. 등장인물의 특징에 어울리는 차림새를 분장이라고 하는데, 어떤 화장이 어울릴지, 어떤 옷을 입으면 좋을지를 생각해 보세요.

희곡의 구성 단계

연극 대본을 다른 말로 희곡이라고 해요. 희곡에서 가장 자주 쓰는 이야기 구성은 발단-전개-절정-결말이에요.
발단은 사건이 시작되는 단계, 전개는 사건이 활발하게 펼쳐지는 단계, 절정은 갈등과 사건이 최고조에 이르는 흥미진진한 단계, 결말은 갈등과 사건이 해결돼 이야기를 마무리하는 단계예요.

나도 배우가 될 수 있을까요?

저는 나중에 배우가 되고 싶어요. 이번에 학교에서 연극을 할 때 꼭 중요한 역할을 맡는 걸로 배우 생활을 시작해 보고 싶어요. 어떻게 하면 오디션을 잘 볼 수 있을까요?

연기 잘하는 배우가 되는 첫걸음

좋은 연기를 하려면 등장인물이 우직하고 착한지 혹은 꾀가 많고 솔직한지 먼저 성격을 파악해야 해요. 그리고 나서 성격에 따라 인물을 연기해요. 등장인물의 성격을 잘 이해하면 연극의 전체 내용과 주제를 파악하는 데도 도움이 되지요.

연기는 대사로만 하는 게 아니에요

우리는 일상생활에서 말로 정보와 감정을 전달해요. 그런데 잘 보면 딱 말로만 소통이 이뤄지는 것은 아니에요.

● **반언어**

먼저 말의 느낌을 효과적으로 만들어 주는 반언어가 있어요. 여기서 반(半, 반 반)은 반쪽을 뜻해요. 목소리의 크기, 빠르기, 높낮이, 말투 등을 조절하는 것을 반언어적 표현이라고 해요. 언어를 따라다니며 한몸처럼 말의 느낌을 더해 줘요.

● **비언어**

말이 아니라 표정, 몸짓 등을 적절히 구사하는 것을 비언어적 표현이라고 하지요. 여기서 비(非, 아닐 비)언어란 말 그대로 언어가 아니라는 뜻이에요. 상황을 잘 표현하기 위해서는 대사를 말할 때 몸짓과 목소리를 잘 조절해야 해요.

정리해 보면 반언어는 말로 표현하는 것이며, 비언어는 몸으로 표현하는 것이에요. 대사와 함께 반언어, 비언어를 잘 사용하면 등장인물을 더욱 실감나게 표현할 수 있을 거예요. 만약 「흥부 놀부」 중 욕심 많은 놀부가 제비 다리를 부러뜨리는 장면을 연기한다면 어떨까요?

대사
"신난다. 이제 제비 다리를 부러뜨려 나도 부자가 되어야겠다!"

반언어적 표현	비언어적 표현
목소리의 크기, 빠르기, 높낮이, 말투	시선, 표정, 몸짓
크고 빠르며 높은 목소리에 흥에 겨운 말투	제비를 욕심이 가득한 표정으로 보며, 한순간에 제비 다리를 부러뜨리는 몸짓

등장인물에 어울리는 반언어와 비언어를 어떻게 찾나요

그렇다면 반언어와 비언어를 어떻게 찾을 수 있을까요? 바로 지문과 문장부호 속에 숨어 있어요.

대본 속에는 배우들이 연기해야 할 내용이 들어 있어요. 느낌표, 물음표, 쉼표, 말줄임표 등의 문장부호 속에는 반언어적 표현이 들어 있지요. 또 지문 속에는 비언어적 표현이 제시되어 있어요.

심청이: (눈물을 흘리면서) 아버지…… 저 이제, 떠나요…….
심봉사: (깜짝 놀라 손을 좌우로 흔들며) 안 된다. 우리 심청이 어디로 가는 게냐!

심청이의 대사를 보세요. 말줄임표나 쉼표를 보면 입이 잘 떨어지지 않는 상황이라는 걸 짐작할 수 있어요. 인사를 해야 하는데 눈물이 나서 인사를 하기 어려운 상황에서 여러분의 목소리는 어떤가요? 기억을 더듬어 심청이의 마음에 어울릴 만한 말소리의 억양과 크기를 상상해 보세요. 그것이 바로 반언어적 표현이에요.

 심봉사의 지문에서 지시하는 '손을 흔들며'는 작별 인사를 뜻할까요? 아니겠지요? 그보다는 가지 말라고, 안 된다고 말리는 몸짓에 가깝지 않을까요? 아니 어쩌면 앞이 보이지 않는 와중에 심청이를 붙잡기 위해 애타게 손을 휘젓는 것일 수도 있어요. 이것이 바로 비언어적 표현이에요.

 자, 여러분은 대본을 어떻게 해석하고 연기할 건가요? 대본을 꼼꼼히 읽으며 반언어적 표현과 비언어적 표현을 찾고, 그 상황에서 왜 그런 표현이 필요한지 곰곰이 이유를 생각해 보세요. 남은 것은 대본을 읽는 사람의 몫이에요.

옛이야기는 왜 정확한 시대를 말하지 않나요?

「혹부리 영감」, 「금도끼 은도끼」, 「콩쥐 팥쥐」, 「흥부 놀부」 같은 옛이야기는 주로 '옛날 옛적에'로 이야기가 시작되지요. 왜 그런 걸까요?

입에서 입으로 전해진 이야기

옛이야기의 시작은 주로 '옛날 옛날 아주 오랜 옛날에', '호랑이 담배 피던 시절에'로 시작하는 경우가 많아요. 옛이야기 대부분이 입에서 입으로 전해져 정확한 시대를 알 수 없기 때문이에요.

이렇게 입에서 입으로 전해지는 과정에서 이야기에 살이 붙고 내용이 조금씩 조금씩 달라지기도 해요. 이야기를 듣는 사람의 반응을 살피면서 어떻게 하면 좀 더 흥미를 끌 수 있을까 생각한 결과이겠지요. 이렇게 입에서 입으로 전해지다 보니 지은이도 누군지 모른답니다.

재미와 삶의 지혜, 용기를 배워요

옛이야기는 실제로 있었던 일보다 꾸며 낸 이야기가 많기 때문에 신기하고 재미있는 이야기가 많아요. 이야기 속에는 주로 교훈적인 내용이 들어가지요. 예를 들어, 권선징악(선과 악의 싸움에서 반드시 선이 이긴다는 뜻), 효, 형제간의 우애, 친구간의 우정, 보은(은혜를 갚는다는 뜻) 등의 주제가 담겨요. 또는 행복은 노력에 의해 얻어지며, 부지런하고 열심히 생활하면 복을 받는다, 어떤 고난이나 시련도 이겨 낼 수 있다는 주제도 자주 보이지요.

옛이야기 속 주인공 대부분은 평범하고 가난한 사람으로 태어나 어려움을 극복하고 행복을 얻지요. 우리는 이런 이야기를 통해 어려움을 극복하는 지혜와 용기를 배울 수 있어요. 또 우리 조상들이 겪어 온 삶의 다양한 체험, 감정, 가치관을 더불어 알 수 있어요. 이렇게 옛이야기를 재미있게 읽다 보면 자연스럽게 여러 가지 교훈을 함께 얻을 수 있어요.

판소리 소설이 뭐지요?

우리 할머니는 재미난 이야기보따리를 가지고 계세요. 제가 슬퍼할 때나 우울해 할 때, 또는 심심해 할 때면 이 이야기 보따리를 풀어 주셔요.「흥부전」,「토끼전」, 그리고「춘향전」이 바로 할머니께서 들려주신 이야기예요. 그런데 이 이야기들은 우리 할머니가 할머니의 할머니께 들은 이야기래요. 또 이 이야기들은 판소리 소설이기도 하대요. 입에서 입으로 전해져 오던 이야기를 누가 왜 판소리 소설이라고 이름붙인 건가요?

이렇게 시작됐어요

각 민족들마다 전해 내려오는 전설이나 신화 같은 이야기를 설화라고 해요. 전해져 내려오는 이야기이기 때문에 처음에 누가 만들

▲ 병풍 그림 〈평양도〉의 부분이에요. 조선 후기 평양 대동강변에서 펼쳐진 판소리 공연 장면이 담겨 있지요.

었는지는 알 수가 없어요. 이렇게 입에서 입으로 전해져 오던 설화는 조선 시대 숙종 임금 때(18세기) 판소리라는 새로운 장르를 낳게 됩니다.

판소리는 노래를 부르는 '창자'가 북을 치는 '고수'의 장단에 맞춰 이야기를 들려주는 것이에요. 때로는 노래를 부르기도 하지요. 연극처럼 판소리도 대본이 있어요. 이 판소리를 재미있어 한 사람들이 판소리 대본을 책처럼 엮어서 보기 시작했답니다. 이것이 바로 '판소리계 소설'의 출발이에요.

판소리 소설은 왜 인기가 많았을까요

판소리 소설은 조선 말기(19세기)에 이르러 인기가 더욱 치솟았어요. 당시는 오랜 세월 조선 사회를 지탱했던 신분 제도나 유교 이념이 해체되어 가던 혼란스러운 시대였거든요. 판소리 소설은 가난한 민중의 삶을 해학적으로, 사회에 대한 불만을 풍자적으로 표현했기 때문에 민중의 큰 호응을 얻었지요.

「토끼전」만 보더라도 병을 고치기 위해 토끼의 간을 구해 오라는 용왕(왕)과 그것을 구하러 떠나는 별주부(양반이나 관리자), 그리고 영문도 모르는 채 용궁까지 따라온 토끼의 모습(서민들)이 당시 사회의 불합리한 구조와 닮아 있었답니다. 사람들은 꾀를 내 죽음의 위기에서 탈출하는 토끼의 모습을 통해 신분 격차가 큰 시대에 대한 불만을 통쾌하게 해결할 수 있었어요.

또한 판소리 소설에는 볼품없는 가난한 사람들도 주인공으로 등장해요. 이전 이야기들은 훌륭한 업적을 이룬 위인이나 영웅만 등장했었거든요. 「심청전」에는 가난하고 눈먼 아버지를 둔 심청이가, 「흥부전」에서는 가진 것 하나 없이 착하기만 한 흥부가 주인공으로 등장한답니다.

판소리 소설은 고사성어나 한시 같은 양반의 언어와 비속어나 속담 같은 서민의 언어가 함께 쓰인다는 특징이 있어요. 또한 '슬근 슬근 톱질하세'(「흥부전」), '들락날락 오락가락 엉거주춤 기는 토끼'(「토끼전」)처럼 의성어나 의태어를 사용해 장면을 실감나게 그려 낸다는 특징이 있답니다. 사용되는 언어가 친숙한 만큼 민중은 판소리 소설에서 재미와 친밀감을 느꼈던 것이지요.

여러분이 잘 아는 「심청전」도 판소리 소설이에요. 이 외에도 판소리 소설에는 「춘향전」, 「장끼전」, 「옹고집전」 등이 있답니다.

나도 전기문의 주인공이 될 수 있을까요?

전기문을 읽으면 '그분들은 이걸 어떻게 할 수 있었을까? 나와 다르게 태어났을까?' 하는 궁금증을 갖게 돼요. 때로는 '어, 나도 이런 적 있는데!' 하며 반가울 때도 있고요. 나도 언젠가는 전기문의 주인공이 될 수 있을까요?

전기문의 특징

전기문은 개인의 중요한 업적을 꾸미거나 과장하지 않고 사실에 근거해 쓴 글이에요. 한 인물의 일대기와 함께 잘 알려지지 않은 인간다운 면모까지 그려져 있어 더 깊은 감동을 주지요. 열심히 노력하면 우리도 전기문의 주인공이 될 수 있어요.

어떤 부분을 집중해서 읽을까요

전기문을 읽을 때는 인물이 살아간 시대, 인물의 가치관과 행동 방식 등을 살펴보는 것이 중요해요.

- 전기문은 실제 삶을 다루고 있어 인물이 살아간 시간적 배경이 잘 드러나요. 시대상황을 어떻게 판단하고 받아들이느냐에 따라 인물의 삶이 달라지지요.

- 사람이 어떤 행동이나 일을 선택하고 실천하는 데 바탕이 되는 생각을 가치관이라고 합니다. 생각만 있고 행동하지 않는 것은 가치관이라고 하지 않아요. 인물의 가치관을 알려면 인물의 말, 행동, 업적을 살펴보세요.

- 훌륭한 일을 한 인물은 그 업적을 이루기 위하여 당시의 어려운 현실을 극복하는 그 인물만의 독특한 행동방식이 있어요. 이 독특한 행동방식을 찾는 재미, 이것도 전기문에서 눈여겨봐야 할 부분 중 하나예요.

나의 생활에 받아들여요

단지 전기문을 읽는 데서 그치지 말고, 인물의 가치관이나 행동을 나의 생활에서 어떻게 적용할 수 있는가를 생각해 보면 좋을 거예요.

예를 들어 이순신 장군의 전기에서 우리가 배울 수 있는 점은 무엇일까요? 이순신 장군이 배 열두 척으로 삼백 척이 넘는 적과 맞서 싸운 이야기를 떠올려 볼까요? 이 일화는 맞서 싸우기 어려워 보이는 적 앞에서 일단 안 된다고 쉽게 판단 내리기보다는 용기를 갖고 지혜를 발휘하면 위기를 극복할 수 있다는 점을 말해 주지요. 우리도 생활 속에서 도저히 풀기 어려운 문제에 부딪쳤을 때 안 된다고 포기하고 슬퍼하기 전에 그 문제를 풀 수 있는 방법을 생각해 보는 게 먼저겠지요? 그렇게 하루하루 문제를 고민하고 풀어 나가면 여러분도 전기문 속 주인공이 될 수 있다는 점, 기억하세요!

짧은 명언, 긴 여운

- 웃음 없는 하루는 낭비한 하루다. _채플린
- 자신의 무지를 절대 과소평가하지 마라. _아인슈타인
- 내 눈으로 확인한 것 외에는 믿지 말고, 끈질기게 관찰하라. _파브르
- 말과 글이 거칠면 그 나라 사람의 뜻과 일이 다 거칠어지고 말과 글이 다스려지면 그 나라 사람의 뜻과 일도 다스려지나니라. _주시경
- 우리는 기계가 아니다. _전태일
- 인간만이 품성을 지닌 유일한 동물이 아니라는 것, 다른 동물들도 기쁨과 슬픔과 절망을 경험한다는 것. _제인 구달

　이렇게 남겨진 명언 속에는 그분들의 철학이 들어 있어요. 여러분도 나만의 명언을 한 번 만들어 보세요. 그 말이 먼 훗날, 몇 백 년 후까지 여러 사람들의 마음속에 소중하게 간직되고 있다고 상상해 보세요. 멋지지 않나요?

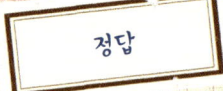

20쪽

① ○ ② ○ ③ ○ ④ × ⑤ ×

67쪽

① 고와야, 곱다 ② 태산 ③ 공든 탑 ④ 구슬 ⑤ 기역 ⑥ 낮말, 밤말
⑦ 콩, 팥 ⑧ 돌다리 ⑨ 등잔 ⑩ 바늘, 실 ⑪ 바늘 ⑫ 백지장
⑬ 부채질 ⑭ 지렁이 ⑮ 여든 ⑯ 외양간 ⑰ 믿는 ⑱ 개구리
⑲ 원숭이 ⑳ 작은

121쪽

지구 온난화를 막자!

151쪽

일시(때), 장소(곳)

187쪽

① × ② × ③ ○ ④ × ⑤ ○

241쪽

① 할머니께서 어제 고향에 가셨다.(높임의 대상과 서술어 호응)

② 왜냐하면 서두르지 않으면 지각을 하기 때문이다.(꾸며 주는 말과 꾸밈을 받는 서술어 호응)

③ 나는 방금 화장실에 다녀왔다.(시간을 나타내는 말과 서술어 호응)

④ 동생이 많이 아파서 내가 죽을 먹였다.(동작을 하는 주어와 서술어 호응)

251쪽

①치과 ②눈 깜짝할 새 ③사과

265쪽

① 발을 씻고 들어가 방문에 발[:]을 쳤습니다.

② 눈[:]이 많이 내려서 눈을 뜰 수가 없습니다.

③ 말은 말[:]이 없었다.

④ 밤에 밤[:]을 구워 먹었다.

⑤ 사[:]과를 하면서 사과를 한 개 주었다.

⑥ 의사 선생님이 병[:]이 난 사람에게 병에 든 약을 줍니다.

⑦ 바닷가의 굴[:]속으로 들어가 굴을 따 왔다.

277쪽

호떡집에 불이 남

교과 단원 연계표

말하기·듣기

001 발표의 달인이 되려면? • 5-1(5)사실과 발견[읽기] • 6-1(2)정보와 이해[읽기]
002 토론은 말싸움이 아닌가요? • 4-1㉮(5)서로 다른 느낌 • 4-1㉯(6)소중한 정보 • 5-1(3)생각과 판단[읽기]
003 모둠 활동, 의견이 제각각이라 힘들어요 • 6-1(3)다양한 주장[읽기]
004 토론과 토의는 어떻게 다른가요? • 5-1(3)생각과 판단[읽기] • 6-1(3)다양한 주장[읽기]
005 또래끼리도 존댓말을 쓰나요? • 1-1㉮(4)기분을 말해요 • 1-2㉮(3)알맞은 인사말 • 6-1(4)나누는 즐거움[읽기]
006 친구를 소개하는 데도 방법이 있다고요? • 1-1㉮(4)기분을 말해요 • 3-1㉯(6)알맞게 소개해요
007 칭찬에는 무슨 힘이 있어 기분을 좋게 하나요? • 2-1㉮(4)생각을 전해요 • 2-1㉮(2)즐겁게 대화해요 • 6-1(8)함께하는 마음[읽기]
008 어떻게 사과해야 할까요? • 1-2㉮(3)알맞은 인사말 • 1-2㉯(7)다정하게 지내요 • 3-1㉮(4)높임말을 바르게 사용해요 • 3-1㉯(8)마음을 전해요
009 반장선거, 누구에게 투표해야 할까요? • 6-2(6)생각과 논리[읽기]
010 마음 상하지 않게 충고하는 방법은? • 1-2㉮(3)알맞은 인사말 • 1-2㉯(7)다정하게 지내요 • 2-1㉮(2)즐겁게 대화해요 • 2-1㉮(4)생각을 전해요 • 6-1(8)함께하는 마음[읽기]
011 동생이 제 설명을 못 알아들어요 • 1-1㉮(4)기분을 말해요 • 2-1㉯(2)경험을 나누어요 • 2-1㉮(5)무엇이 중요할까?
012 안내하는 말을 들을 때 주의할 점이 있나요? • 3-1㉮(3)중요한 내용을 적어요
013 전화 받는 데도 지켜야 할 예절이 있다고요? • 3-1㉮(3)중요한 내용을 적어요 • 4-1㉯(6)소중한 정보
014 새 친구와 즐거운 대화를 나누기 위해 필요한 것은? • 1-2㉮(3)알맞은 인사말 • 1-2㉯(7)다정하게 지내요 • 2-1㉮(2)즐겁게 대화해요
015 면담하러 갈 때 준비할 것은? • 6-2(2)정보의 해석[읽기]
016 기분 좋은 대화를 위해 필요할 것은? • 1-1㉮(4)기분을 말해요 • 1-2㉮(3)알맞은 인사말 • 1-2㉯(7)다정하게 지내요 • 3-1㉮(4)높임말을 바르게 사용해요 • 3-1㉯(8)마음을 전해요
017 소통이 꼭 필요한가요? 5-1(4)주고받는 마음[듣기·말하기·쓰기]
018 엄마는 아기의 마음을 어떻게 알까요? • 2-1㉯(2)경험을 나누어요 • 3-1㉯(9)상황에 어울리게 • 5-1(1)문학의 즐거움[읽기]
019 수업 시간에 집중하기가 너무 어려워요 • 1-1㉮(4)기분을 말해요 • 3-1㉮(3)중요한 내용을 적어요
020 왜 어른들은 속담이나 격언을 많이 사용하나요? • 2-1㉯(3)이렇게 해 보아요 • 2-1㉯(11)재미가 새록새록 • 2-1㉮(2)즐겁게 대화해요
021 놀면서 공부할 수는 없나요? • 1-1㉯(5)느낌이 솔솔 • 2-1㉯(3)이렇게 해 보아요 • 2-1㉯(11)재미가 새록새록 • 2-2㉯(7)재미있는 말 • 6-1(8)함께하는 마음[읽기]

읽기

022 책을 실감나게 읽고 싶어요 • 1-2㉯(6)이야기꽃을 피워요 • 2-1㉯(1)아, 재미있구나! • 3-1㉯(9)상황에 어울리게
023 왜 주제를 찾아야 하지요? • 2-1㉯(7)이렇게 생각해요 • 4-2(1)감동이 머무는 곳[듣기·말하기·쓰기]
024 글에서 중심 문장은 어떻게 찾나요? • 2-1㉯(7)이렇게 생각해요 • 3-1㉮(2)문단의 짜임 • 4-1㉮(4)짜임새 있는 문단 • 4-1㉯(7)의견과 근거
025 이야기 속에는 꼭 한 가지 주제만 있나요? • 2-1㉮(5)무엇이 중요할까? • 2-1㉯(7)이렇게 생각해요
026 어떻게 하면 책 읽기가 좋아질까요? • 5-1(1)문학의 즐거움[읽기] • 6-2(1)문학과 삶[읽기]
027 똑같은 책을 읽었는데, 친구가 아는 내용을 나는 왜 모를까요? • 기타
028 안중근 의사는 병을 고치는 의사가 아니라고요? • 1-1㉮(2)재미있는 낱자 • 1-1㉮(3)글자를 만들어요 • 1-2㉮(2)바르고 정확하게 • 2-2㉮(4)어떻게 정리할까요 • 4-1㉯(8)국어사전과 함께
029 어휘력도 노력하면 늘릴 수 있을까요? • 2-2㉮(4)어떻게 정리할까요? • 4-1㉯(8)국어사전과 함께 • 5-1(3)생각과 판단[읽기] • 6-1(5)사실과 관점[읽기]
030 국어사전에도 없는 정보는 어딨을까요? • 4-1㉯(6)소중한 정보 • 4-1㉯(8)국어사전과 함께
031 원하는 책을 도서관에서 직접 찾고 싶어요 • 2-1㉮(1)아, 재미있구나! • 4-1㉯(9)생각을 나누어요
032 왜 다른 사람이 쓴 독서 감상문까지 읽을까요? • 2-1㉮(5)무엇이 중요할까요? • 3-1㉯(10)생생한 느낌 그대로 • 4-1㉯(10)감동을 표현해요 • 5-1(4)주고받는 마음[읽기] • 5-2(4)나눔의 기쁨[읽기]
033 독서 감상문과 서평은 다른가요? • 5-1(4)주고받는 마음[읽기] • 5-2(4)나눔의 기쁨[읽기]
034 설명문, 꼭 읽어야 할까요? • 2-1㉯(5)무엇이 중요할까? • 3-1㉯(6)알맞게 소개해요 • 5-1(5)사실과 발견[읽기]
035 우리 동네 이야기는 왜 텔레비전에 나오지 않는 걸까요? • 6-1(5)사실과 관점[듣기·말하기·쓰기] • 6-2(3)문제와 해결[듣기·말하기·쓰기]
036 왜 뉴스마다 하는 말이 다른가요? • 4-1㉯(6)소중한 정보 • 6-1(5)사실과 관점[듣기·말하기·쓰기] • 6-1(2)정보와 이해[읽기] • 6-2(3)문제와 해결[듣기·말하기·쓰기]
037 광고가 마음을 움직인다고요? • 3-1㉯(6)알맞게 소개해요 • 5-1(6)깊이 있는 생각[읽기] • 5-2(3)의견과 주장[읽기]
038 광고 속 물건은 왜 실제와 다른가요? • 3-1㉯(6)알맞게 소개해요 • 5-1(6)깊이 있는 생각[읽기] • 5-2(3)의견과 주장[읽기]
039 여행 계획을 멋지게 짜고 싶어요 • 4-1㉯(6)소중한 정보 • 5-1(6)깊이 있는 생각[읽기] • 6-1(2)정보와 이해[듣기·말하기·쓰기]
040 조선 시대에 왕이 볼 수 없는 책이 있었다고요? • 5-1(2)사건의 기록[듣기·말하기·쓰기] • 5-2(5)우리가 사는 세상[읽기]
041 옛날 국어 교과서는 어떻게 생겼나요? • 기타

쓰기

042 갖고 싶은 물건이 둘일 때 잘 선택하는 방법은? • 3-1㉯(6)알맞게 소개해요
043 부탁을 잘하는 비법이 있다고요? • 2-1㉮(2)즐겁게 대화해요 • 2-2㉯(8)의견이 있어요 • 4-1㉮(3)문장을 알맞게 • 5-1(8)함께하는 세상[듣기·말하기·쓰기]

044 평생 기억에 남을 생일카드를 쓸 수 있을까요? • 1-2㉯(7)다정하게 지내요 • 2-1㉮(4)생각을 전해요 • 2-1㉯(8)보고 또 보고 • 6-2(4)마음의 울림[듣기·말하기·쓰기]

045 일기와 생활문, 무엇이 다른가요? • 1-1㉯(8)겪은 일을 써요 • 1-2㉮(5)인상 깊었던 일 • 2-1㉯(9)느낌을 나타내어요 • 2-2㉮(1)생각을 나타내어요

046 생활문의 첫 문장을 쓰기가 너무 어려워요 • 1-1㉯(8)겪은 일을 써요 • 2-1㉯(9)느낌을 나타내어요

047 초대글은 어떻게 쓸까요? • 1-2㉯(7)다정하게 지내요

048 인터넷에 어떤 글을 올릴까요? • 2-1㉮(6)알고 싶어요 • 5-1(4)주고받는 마음[듣기·말하기·쓰기]

049 책 내용을 왜 요약할까요? • 2-1㉮(5)무엇이 중요할까? • 3-1㉮(2)문단의 짜임 • 3-1㉮(5)내용을 간추려요

050 온라인 대화에서 주의할 점은? • 1-2㉯(7)다정하게 지내요 • 2-1㉮(4)생각을 전해요 • 2-1㉮(2)즐겁게 대화해요 • 4-1㉯(6)소중한 정보 • 5-1(4)주고받는 마음[듣기·말하기·쓰기]

051 기사글, 어떻게 쓰면 될까요? • 2-1㉮(5)무엇이 중요할까 • 2-1㉮(6)알기 쉽게 차례대로 • 3-1㉮(3)중요한 내용을 적어요 • 5-2(2)사건의 기록[듣기·말하기·쓰기]

052 기행문은 상상해서 쓸 수 없나요? • 1-1㉯(8)겪은 일을 써요 • 2-1㉯(2)경험을 나누어요 • 2-2㉮(1)생각을 나타내어요 • 6-2(1)문학과 삶[듣기·말하기·쓰기]

053 전화와 메일이 있는데 왜 편지를 쓸까요? • 1-2㉮(3)알맞은 인사말 • 1-2㉯(7)다정하게 지내요 • 2-1㉯(8)보고 또 보고

054 매일 새로운 내용으로 일기를 쓸 수 있을까요? • 1-1㉯(8)겪은 일을 써요 • 1-2㉮(5)인상깊었던 일 • 2-1㉯(9)느낌을 나타내어요

055 내 논설문으로 친구들을 설득할 수 있을까요? • 2-1㉯(7)이렇게 생각해요 • 3-1㉮(2)문단의 짜임 • 4-1㉮(4)짜임새있는 문단 • 4-1㉯(7)의견과 근거 • 6-2(6)생각과 논리[읽기] • 6-1(3)다양한 주장[읽기]

056 독서 감상문, 꼭 틀에 맞춰 써야 하나요? • 1-2㉯(9)상상의 날개를 펴고 • 3-1㉮(5)내용을 간추려요 • 3-1㉯(10)생생한 느낌 그대로 • 4-1㉯(5)서로 다른 느낌 • 4-1㉯(9)생각을 나누어요 • 4-1㉯(10)감동을 표현해요

057 제안하는 글은 언제 필요한가요? • 2-1㉯(7)이렇게 생각해요 • 2-2㉮(1)생각을 나타내어요 • 2-2㉯(8)의견이 있어요 • 4-1㉯(7)의견과 근거

058 나라마다 글씨 쓰는 방향이 다르다면서요? • 1-1㉮(1)즐거운 마음으로 • 1-1㉮(2)재미있는 낱자 • 1-2㉮(2)바르고 정확하게 • 1-1㉮(4)뜻을 살려 읽어요 • 1-2㉯(8)생각하며 읽어요

059 글씨를 잘 쓰려면 어떤 연습을 해야 하나요? • 1-1㉮(1)즐거운 마음으로 • 1-1㉮(2)재미있는 낱자 • 1-1㉮(3)글자를 만들어요 • 1-2㉮(2)바르고 정확하게 • 3-1㉮(8)마음을 전해요

060 왜 동요 가사에는 소리나 동작을 흉내 내는 말이 많죠? 1-1㉯(5)느낌이 솔솔 • 1-1㉯(6)문장을 바르게 • 1-2㉮(5)인상깊었던 일 • 2-1㉮(1)아, 재미있구나! • 2-2㉯(7)재미있는 말

061 글을 쓴 후 꼭 다시 읽어 봐야 하는 이유는? • 2-1㉯(9)느낌을 나타내어요 • 2-2㉮(5)이야기를 꾸며요 • 4-1㉮(3)문장을 알맞게 • 4-1㉮(4)짜임새 있는 문단

062 원고지는 어떻게 쓰는 건가요? • 5-1(9)우리말 꾸러미[듣기·말하기·쓰기]

063 틀린 글자, 지우지 않고 고치는 방법이 있나요? • 기타

문법

064 언어란 무엇인가요? • 6-2(5)언어의 세계[읽기]

065 사과를 방귀라고 부르면 안 될까요? • 6-2(5)언어의 세계[읽기]

066 세종은 왜 한글을 만들었나요? • 1-1㉮(2)재미있는 낱자(3)글자를 만들어요 • 6-1(9)우리말 꾸러미[읽기] • 6-2(5)언어의 세계[읽기]
067 한 나라에서 왜 각기 다른 말을 쓸까요? • 2-1㉯(3)이렇게 해 보아요 • 3-1㉯(9)상황에 어울리게 • 4-1㉮(3)문장을 알맞게
068 고유어, 한자어, 외래어는 어떻게 생겨났나요? • 2-2㉮(4)어떻게 정리할까요? • 4-1㉯(8)국어사전과 함께 • 5-1(3)생각과 판단 • 6-1(5)사실과 관점[읽기]
069 '부랴부랴'는 왜 '부랴부랴'인가요? • 5-2(8)우리말 꾸러미[듣기·말하기·쓰기] • 6-1(9)우리말 꾸러미[읽기]
070 글의 최소 단위는 뭘까요? • 1-1㉮(3)글자를 만들어요 • 1-2㉮(2)바르고 정확하게
071 시키는 말을 들으면 왜 이렇게 하기 싫을까요? • 2-1㉮(8)보고 또 보고 • 4-1㉮(3)문장을 알맞게
072 과거, 현재, 미래를 다 똑같은 말로 표현하면 안 되나요? • 2-1㉮(6)알기 쉽게 차례대로 • 2-1㉯(10)이야기 세상 속으로 • 5-1(2)정보의 탐색[읽기]
073 높임말을 아무 데나 쓸 수 없다고요? • 1-2㉮(3)알맞은 인사말 • 1-2㉯(7)다정하게 지내요 • 3-1㉮(4)높임말을 바르게 사용해요 • 5-2(4)나눔의 기쁨
074 깍두기가 '결코' 초콜릿처럼 달다면 얼마나 좋을까? • 6-2(5)언어의 세계[듣기·말하기·쓰기]
075 띄어쓰기를 꼭 해야 하나요? • 1-1㉯(7)알맞게 띄어 읽어요 • 2-1㉯(8)생각하며 읽어요 • 2-1㉮(8)보고 또 보고 • 4-1㉮(3)문장을 알맞게
076 맞춤법, 왜 지켜야 하나요? • 1-1㉮(1)즐거운 마음으로 • 1-1㉮(2)재미있는 낱자 • 2-1㉮(2)바르고 정확하게 • 1-2㉯(8)생각하며 읽어요 • 3-1㉮(8)마음을 전해요
077 우리 할머니는 옷으로 술을 만들어요 • 1-1㉮(1)즐거운 마음으로 • 1-1㉮(2)재미있는 낱자 • 1-2㉮(2)바르고 정확하게 • 1-2㉯(8)생각하며 읽어요 • 3-1㉮(8)마음을 전해요
078 같은 '손(手)'이라도 쓰임이 다르다고요? • 2-1㉯(11)재미가 새록새록 • 2-2㉮(4)어떻게 정리할까요? • 4-1㉯(8)국어사전과 함께 • 5-1(3)생각과 판단[읽기]
079 헷갈리는 우리말에는 어떤 것이 있나요? • 2-1㉯(8)보고 또 보고
080 잘못 쓰는 우리말에는 어떤 것이 있나요? • 5-2(8)우리말 꾸러미[읽기]
081 똑같은 글자도 길이에 따라 뜻이 달라지나요? • 기타
082 풀장이 왜 '수영장장'인가요? • 6-1(5)사실과 관점[읽기]
083 우리말을 알파벳으로 어떻게 바꿀까요? • 기타

문학

084 엄마는 어떻게 드라마 뒷이야기를 다 알고 계실까요? • 6-1(1)상상의 세계[듣기·말하기·쓰기]
085 시가 노래 가사가 될 수 있다고요? • 2-1㉯(9)느낌을 나타내어요 • 2-2㉮(3)마음을 담아서 • 4-1㉮(10)감동을 표현해요 • 5-1(7)상상의 날개[듣기·말하기·쓰기] • 6-1(1)상상의 세계[읽기] • 6-1(7)문학의 향기[읽기]
086 시낭송 잘하는 방법이 따로 있나요? • 3-1㉮(1)감동을 나누어요 • 1-1㉯(5)느낌이 솔솔 • 1-2㉯(6)이야기꽃을 피워요 • 2-1㉮(1)감동을 나누어요 • 4-2(1)감동이 머무는 곳[읽기]
087 시를 이야기로 만들 수 있나요? • 5-1(7)이야기와 삶[듣기·말하기·쓰기] • 5-2(1)상상의 표현[듣기·말하기·쓰기] • 6-1(7)문학의 향기[듣기·말하기·쓰기]
088 영화 속 명대사는 왜 사람마다 다를까요? • 4-1㉯(10)감동을 표현해요 • 5-1(7)상상의 날개[읽기] • 5-2(1)상상의 표현[읽기] • 5-2(7)이야기와 삶[읽기]

089 어떤 인물이 이야기 속 주인공이 될까요? • 5-2(5)우리가 사는 세상[읽기] • 5-2(6)깊은생각 바른판단[읽기]
090 이야기 속 여러 사건, 어떻게 만들어질까요? • 4-1㉮(1)이야기 속으로 • 5-2(1)상상의 표현[듣기·말하기·쓰기] • 5-2(5)우리가 사는 세상[읽기]
091 소설가가 되고 싶어요 • 2-1㉮(5)무엇이 중요할까? • 5-1(7)상상의 날개[듣기·말하기·쓰기] • 5-2(1)상상의 표현[듣기·말하기·쓰기]
092 묘사를 잘하려면 어떻게 해야 하나요? • 2-1㉮(5)무엇이 중요할까? • 5-2(1)상상의 표현[읽기] • 6-1(7)문학의 향기[읽기]
093 적반하장도 정도껏? 5-2(1)상상의 표현[읽기] • 6-1(7)문학의 향기[읽기]
094 그림책은 동화책과 어떻게 다른가요? 1-1㉯(5)느낌이 솔솔 • 2-1㉮(1)아, 재미있구나!
095 웃음에 대해 알고 싶어요 • 6-1(8)함께하는 마음[읽기]
096 재밌는 동화를 연극으로 만들고 싶어요 • 6-1(1)상상의 세계[읽기] • 6-1(7)문학의 향기[듣기·말하기·쓰기]
097 연극 준비, 무엇부터 하면 될까요? • 2-2㉯(9)인형극 공연은 재미있어요 • 5-2(7)이야기와 삶[듣기·말하기·쓰기] • 6-2(7)즐거운 문학[듣기·말하기·쓰기]
098 나도 배우가 될 수 있을까요? • 2-2㉯(3)마음을 담아서 • 3-2(7)마음을 읽어요[듣기·말하기·쓰기] • 6-2(7)즐거운 문학[듣기·말하기·쓰기]
099 옛이야기는 왜 정확한 시대를 말하지 않나요? • 1-2㉯(9)상상의 날개를 펴고 • 2-2㉮(5)이야기를 꾸며요
100 판소리 소설이 뭐지요? • 6-1(8)함께하는 마음[읽기]
101 나도 전기문의 주인공이 될 수 있을까요? • 5-1(8)함께하는 세상[읽기] • 5-2(6)깊은생각 바른판단[읽기]

학년별로 읽으면 좋을 질문 번호

1학년	2학년	3학년	4학년	5학년	6학년
5, 6, 8, 10, 11, 14, 16, 19, 21, 22, 28, 44, 45, 46, 47, 50, 52, 53, 54, 56, 58, 59, 60, 66, 70, 73, 75, 76, 77, 94, 99	7, 10, 11, 14, 18, 20, 21, 22, 24, 25, 27, 28, 29, 31, 34, 43, 44, 45, 46, 48, 49, 50, 51, 52, 53, 54, 55, 57, 60, 61, 67, 68, 71, 72, 75, 76, 78, 79, 85, 86, 91, 92, 94, 97, 98, 99	6, 8, 12, 13, 16, 18, 19, 22, 24, 32, 34, 37, 38, 42, 49, 51, 55, 56, 59, 67, 73, 76, 77, 86, 98	2, 13, 23, 24, 28, 29, 30, 31, 32, 36, 39, 43, 50, 55, 56, 57, 61, 67, 68, 71, 75, 78, 85, 86, 88, 90	1, 2, 4, 17, 18, 26, 29, 32, 33, 34, 37, 38, 39, 40, 43, 48, 50, 51, 62, 68, 69, 72, 73, 78, 80, 85, 87, 88, 89, 90, 91, 92, 93, 97, 101	1, 3, 4, 5, 7, 9, 10, 15, 21, 26, 29, 35, 36, 39, 44, 52, 55, 64, 65, 66, 68, 69, 74, 82, 84, 85, 87, 92, 93, 95, 96, 97, 98, 100

찾아보기

ㄱ

가로쓰기와 세로쓰기 181~183
각색 288~290
간추린 글쓰기 55~156
감탄문(감탄하는 문장) 229
격언 66
겹말 266~269
고유어 218~219
공식적인 상황과 비공식적인 상황 27~29
과거시제 232
광고 117~122
교정부호 사용법 199~201
구개음화 현상 248~249
국어 교과서 129~130
국어사전 90~92, 96~98
글다듬기 191~194
기록문 126~128
기사문 160~162
기행문 164~166

ㄴ

논설문 173~175
높임말 234~236
뉴스 109~116

ㄷ

다의어 252~254
대조(⇒비교와 대조) 134~136
대표음 현상 248~249
도감 96~98
독서 감상문 103~106, 176~177
독서법 83~84, 87~89
동음이의어 250~251
동화 319
뒷받침 문장 77~79

띄어쓰기 242~243, 246

ㄹ

로마자 표기법 270~273

ㅁ

말놀이 68~69
맞춤법 247~249
매체(발표 매체) 15~16
면담(인터뷰) 53~55
명령문(시키는 문장) 230
묘사 304~307
문자언어 205
문장 성분 225~226
문장부호 243~246
미래시제 232~233

ㅂ

반언어 62, 329~331
방언과 표준어 215~217
백과사전 96~98
벨(전화기 발명자) 50
부탁하는 글쓰기 137~138
비교와 대조 134~136
비언어 62, 329~331
비유 308~310
비판하는 글쓰기 153

ㅅ

사과하는 글쓰기 36~37
생활문 141~148
서론·본론·결론 174~175
서평 105~106
선거 유세 38~39
설명문 107~108
세로쓰기(⇒가로쓰기와 세로쓰기) 181~183
속담 65~67

시 279~287
시낭송 285~287
시제 231~233
신문의 구성 163
십진분류법 100

ㅇ

알리는 글쓰기 153
어휘력 93~95
언어 204~210
여정·견문·감상 165~166
연극 대본(⇒희곡) 320, 324~327
연음 현상 248~249
예절 27~29(인사말), 31~32(소개),
　　48~50(통화), 157~159(온라인 대화)
외국어 220
외래어 219~220
우종서와 우횡서(⇒가로쓰기와 세로쓰기)
　　181~183
원고지 사용법 195~198
유래(말의 역사) 221~223
음성언어 205
의문문(묻는 문장) 229
의사소통 58~60
의성어와 의태어 188~190
인터넷 글쓰기 152~154
일기 170~172

ㅈ

전기문 337~339
전기수 72
전형적인 인물과 개성적인 인물 296
제안하는 글쓰기 178~180
조선왕조실록 126~127
존댓말 27~29
좌종서와 좌횡서(⇒가로쓰기와 세로쓰기)
　　181~183
주동인물과 반동인물 295
주인공과 주변인물 295
주장하는 글쓰기 153

주제 75~76, 80~81
중심 문장 77~79

ㅊ

청구기호 100~102
청유문(권유하는 문장) 230
초대하는 글쓰기 149~151
축하하는 글쓰기 139~140

ㅌ

텔레비전 드라마 276~278
토론 17~20, 24~26
토의 21~23, 24~26
퇴고(⇒글다듬기) 191~194

ㅍ

판소리 소설 334~336
편지글 167~169
평면적인 인물과 입체적인 인물 296
평서문(풀이하는 문장) 229
풍자 314~317

ㅎ

한자어 219
해학 314~317
현재시제 232
호응(문장의 호응 관계) 237~241
훈민정음 126, 182, 208~209, 212,
　　211~214, 299
희곡(대본) 320, 324~327